Elinor Renfrew
Colin Renfrew

DESENVOLVENDO UMA COLEÇÃO

v. crescer, amadurecer; tornar-se mais
avançado ou elaborado

sf. conjunto de itens da mesma
natureza ou que tem relação entre si

Tradução:
Daniela Fetzner

Revisão Técnica:
Camila Bisol Brum Scherer
Graduada em Tecnologia em Moda e Estilo pela UCS-RS
MBA em Marketing pela ESPM-RS
Professora do curso de graduação em Design de Moda e Tecnologia da Feevale-RS
e do curso de pós graduação em Marketing e Design de Moda da ESPM-RS

2010

Obra originalmente publicada sob o título
Basics Fashion Design: Developing a Collection

ISBN 978-2-940373-95-6

Copyright © AVA Publishing SA 2009

Design de Sifer Design
Ilustração da capa cortesia de Giles Deacon

Capa: *Rogério Grilho*, arte sobre capa original

Leitura final: *Verônica Amaral*

Editora sênior – Bookman: *Arysinha Affonso*

Editora responsável por esta obra: *Elisa Viali*

Editoração eletrônica: *Techbooks*

R393d Renfrew, Elinor.
             Desenvolvendo uma coleção / Elinor Renfrew, Colin Renfrew ; tradução: Daniela Fetzner; revisão técnica: Camila Bisol Brum Scherer. – Porto Alegre : Bookman, 2010.
             176 p. : il. color. ; 23 cm.

             ISBN 978-85-7780-717-8

             1. Indústria do vestuário. 2. Moda – Design. I. Renfrew, Colin. II. Título.

                                                                    CDU 687

Catalogação na publicação: Ana Paula M. Magnus – CRB-10/Prov-009/10

Reservados todos os direitos de publicação, em língua portuguesa, à
BOOKMAN EDITORA LTDA., uma empresa do GRUPO A EDUCAÇÃO S.A.
Av. Jerônimo de Ornelas, 670 – Santana
90040-340 Porto Alegre RS
Fone: (51) 3027-7000 Fax: (51) 3027-7070

Unidade São Paulo
Rua Doutor Cesário Mota Jr., 63 – Vila Buarque
01221-020 São Paulo SP
Fone: (11) 3221-9033

SAC 0800 703-3444 – www.grupoa.com.br

É proibida a duplicação ou reprodução deste volume, no todo ou em parte, sob quaisquer formas ou por quaisquer meios (eletrônico, mecânico, gravação, fotocópia, distribuição na Web e outros), sem permissão expressa da Editora.

IMPRESSO NO BRASIL
PRINTED IN BRAZIL

1

1   Coleção criada por
    Poppy Dover.

Sumário

Introdução 6
Como aproveitar ao máximo este livro 8

  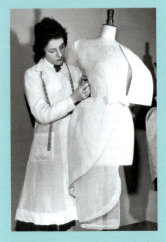

O que é uma coleção?	10	Coleções e suas influências	52	Coleções criadas para diferentes mercados	78
Como começar uma coleção	12	Pano de fundo	54	Alta-costura	80
Pesquisa e desenvolvimento	18	Influências conceituais	56	Prêt-à-porter	84
A equipe	26	Forma e função	58	Mercado de massa	90
Apresentando a coleção	32	Influências futuristas	62	Compras por catálogo	96
		Influências globais	64		
Entrevistas		Influências políticas	66	Entrevistas	
Giles Deacon	38	Arquivismo	68	Ian Garlant	98
Shelley Fox	40			Jens Laugesen	100
Richard Nicoll	42	Entrevistas		Ohne Titel	102
Markus Lupfer	44	James New	70	Emily Craig	104
William Tempest	46	Kenneth Mackenzie	72	James Spreckley	106
Colin McNair	48	Sophie Hulme	74	Simon Kneen	108
Louis Armadola	50	Will Broome	76	Gordon Richardson	110

Desenvolvendo uma coleção

4 / 5

Coleções segmentadas 112

Moda infantil 114
Calçados e acessórios 116
Malharia 120
Bijuteria 122
Uniformes empresariais 124

Entrevistas
Mark Eley 126
Sibling 128
Katie Greenyer 130
Holly Berry 132
Bill Amberg 134
Nicholas Kirkwood 136

A coleção final 138

O *briefing* 140
Seu portfólio 146
Pesquisa e
desenvolvimento 148
Apresentação 156

Glossário 160

Estilistas entrevistados 162

Recursos úteis 164

Agradecimentos e créditos das imagens 168

Trabalhando com ética 169

Sumário

Introdução

6 / 7

"Gosto de trabalhar também com materiais que supostamente não vendem, como kid mohair.* Fui proibida de usá-lo, mas, é claro, se tornou um sucesso de vendas para nós."

Miuccia Prada

1   Backstage Prada, O/I08. Catwalking.com.

Todos os estilistas passam pelo mesmo processo ao desenvolver uma coleção. Tanto para aqueles que têm sua própria marca quanto para aqueles que trabalham em uma grande empresa, o ponto de partida e as etapas seguidas são invariavelmente iguais: pesquisa, criação, desenvolvimento, edição e apresentação.

Fundamentos de Design de Moda: Desenvolvendo uma Coleção guia o leitor pelos diferentes aspectos do processo de desenvolvimento. O primeiro capítulo questiona o que é uma coleção, trazendo uma visão geral e explicando o que e quem estão envolvidos. O Capítulo 2 analisa temáticas comumente utilizadas por estilistas, de influências globais e políticas a questões mais abstratas, envolvendo humor e fantasia. Os Capítulos 3 e 4 mostram diferentes tipos de coleções. Sob o ponto de vista de mercado, tratam da alta-costura às grandes redes de lojas. Coleções segmentadas, como de moda infantil ou de bijuteria, também são abordadas. Por fim, o último capítulo é focado no estudante de moda, contendo dicas para orientar e inspirar a coleção de conclusão de curso.

Cada capítulo é complementado por entrevistas com estilistas de todas as áreas da indústria da moda, que compartilham suas experiências no desenvolvimento de coleções. Essas entrevistas exclusivas incluem ilustrações e imagens de arquivo.

Fundamentos de Design de Moda: Desenvolvendo uma Coleção é ricamente ilustrado com imagens de coleções internacionais, tanto de passarelas quanto de bastidores, além de material de arquivo.

---

* N. de R. T.: A expressão *kid mohair* refere-se ao mohair proveniente do animal jovem, geralmente a cabra.

Como aproveitar ao máximo este livro

Este livro mostra diferentes aspectos do desenvolvimento de uma coleção. Cada capítulo traz diversos exemplos de coleções dos estilistas mais importantes da atualidade, com comentários que explicam os motivos por trás de cada escolha.

Os princípios fundamentais de desenvolvimento e design de moda são destacados para que o leitor veja como eles são aplicados na prática.

Legendas
Trazem detalhes sobre as imagens e comentários que guiam o leitor na exploração visual do conteúdo.

Exemplos
O conteúdo é acompanhado de imagens que descrevem visualmente os processos de criação e coleções inspiradoras.

Introduções
Seções especiais apresentam os conceitos básicos que serão discutidos.

Navegação clara
Cada capítulo tem um subtítulo que ajuda o leitor a localizar rapidamente as áreas de seu interesse.

Subtítulos
Permitem que o leitor desmembre o texto e acesse rapidamente os tópicos de interesse.

Informações adicionais
Quadros em destaque aprofundam assuntos discutidos no texto principal.

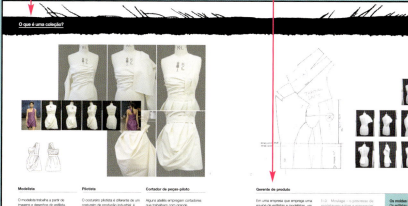

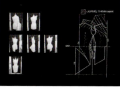

Títulos dos capítulos
Dispostos na parte inferior de cada página, tornam a navegação mais clara e permitem que o leitor perceba facilmente o contexto das informações na página.

Rodapés laterais
A navegação clara permite que o leitor saiba onde está, de onde veio e para onde vai dentro do livro.

Como aproveitar ao máximo este livro

> *"Toda criação é apenas uma releitura – uma nova forma de ver as mesmas coisas e expressá-las de outro modo."*
>
> Yves Saint Laurent

Uma coleção é um conjunto de roupas, acessórios ou produtos concebido e fabricado para venda aos lojistas ou diretamente aos clientes. Esse conjunto de peças pode ser inspirado por uma tendência, tema ou referência de design, refletindo influências culturais e sociais, e normalmente desenvolvido para uma temporada ou ocasião especial. Uma coleção é uma série de peças ou looks que são apresentados de diferentes formas – da passarela à Internet. Coleções geralmente são construídas a partir de uma combinação de silhuetas, cores e tecidos, com a ênfase variando em função do estilo característico do criador. Este capítulo introduz o conceito de coleção, explicando quem e o que estão envolvidos no processo de desenvolvimento, das primeiras etapas de criação à produção e divulgação.

1 YSL, O/I08.
Coleção criada por
Stefano Pilati.
Catwalking.com.

O que é uma coleção?

O que é uma coleção?

Como começar uma coleção

Qualquer coleção de sucesso ou financeiramente viável requer uma enorme quantidade de pesquisa, investigação e planejamento. Estilistas, fabricantes e lojistas bem-sucedidos conhecem claramente as necessidades de seus clientes e também sabem qual é o seu posicionamento em um mercado altamente competitivo. Além da criação e efetivação de uma coleção, há diversas questões que precisam ser consideradas se o destino final das peças for o armário dos consumidores. Por exemplo, uma coleção pode incluir uma gama de camisas brancas. Se o corte, a construção e o preço final das peças forem viáveis, se existir uma base de clientes para as camisas, se a produção for entregue às lojas no momento certo e as lojas pagarem pela mercadoria dentro do prazo estimado, é possível começar um negócio de moda. Quando se oferece um produto original ou com valor agregado, os compradores das lojas consideram a possibilidade de estocar peças da coleção. Se as peças venderem rapidamente (e, portanto, a preço cheio no varejo), é provável que o comprador faça um novo pedido para repor o estoque ou planeje pedidos para a temporada seguinte.

1 Christian Dior, coleção masculina de P/V08. Coleção de estreia do estilista belga Kris Van Assche para a Dior Homme, mostrando um grupo de modelos com camisas sociais brancas e calças inspiradas nos anos 1980. A disposição dos modelos em grupo reflete o estilo clássico de Irving Penn para a alta-costura.
Catwalking.com.

O que é uma coleção?

Pesquisa de mercado

Para saber quais mercadorias estão sendo vendidas em todos os níveis do mercado da moda, muitos estilistas – se não todos – fazem o chamado *comp shop*. Esse termo refere-se à comparação de estoque nas lojas outlet da concorrência, independentemente do nível de mercado. A qualidade dos tecidos, a construção das peças e os detalhes são cuidadosamente estudados, juntamente com os preços e a origem de fabricação. Isso fornece uma grande quantidade de informações que são úteis na hora de planejar e vender uma coleção de moda. Por fim, os compradores de moda tomam a decisão de fazer pedidos, e suas decisões são baseadas na combinação dos seguintes fatores: conhecimento prévio de seus clientes; registros de vendas, que mostram o número de itens de cada peça, dentro de uma coleção, que foi comprado na temporada anterior; a entrega e a disponibilidade de estoque; qualidade da mercadoria; exclusividade; e preço. Cada vez mais, os estilistas estão produzindo pré-coleções além das principais coleções sazonais. Por exemplo, Stefano Pilati, diretor de criação da YSL, desenha até 20 coleções por ano, abrangendo todas as linhas de moda masculina e feminina. As pré-coleções respondem por até 80% das vendas da temporada, enquanto as coleções principais mostradas nas passarelas se destinam principalmente à imprensa e à publicidade.

Muitas pequenas empresas de moda não têm a infraestrutura necessária para fornecer informações de marketing e de mercado precisas. No entanto, a intuição e o acompanhamento dos direcionamentos da moda podem ajudar uma marca iniciante a se tornar bem-sucedida comercialmente. Os compradores costumam ser prudentes ao adotar novos estilistas e, por isso, usam um sistema de venda por consignação, dando oportunidade aos novos talentos para mostrarem suas coleções ao lado de marcas consagradas; se as coleções venderem, eles poderão ser escolhidos como a nova revelação. Outra maneira de lançar uma nova empresa de moda é se concentrar em uma determinada peça. Muitos estilistas de sucesso começaram desta forma, expandindo posteriormente a variedade de produtos com base em seu carro-chefe. Por exemplo, a primeira coleção de Calvin Klein foi uma série de casacos femininos, e Ralph Lauren começou seu vasto império com uma pequena coleção de gravatas.

A compra e a venda apresentam o desafio de prever quanto tecido será necessário para a produção dos pedidos e a possibilidade de haver novos pedidos no decorrer da temporada. Tecido demais pode resultar em capital parado no estoque, que depois deverá ser vendido ou reutilizado. Encomendas insuficientes de tecido podem resultar em perda de vendas e lucros reduzidos. A mesma consideração deve ser feita ao tempo de produção – tanto no caso de uma pequena equipe de costureiros quanto no de uma fábrica que produz em grande escala.

1   Look book mostrando uma coleção de camisas brancas de Richard Nicoll.

Como começar uma coleção > Pesquisa e desenvolvimento

O que é uma coleção?

Identificando o consumidor

A musa

Clientes ideais ou inspiradoras – geralmente mulheres – são muitas vezes conhecidas como "musas" que incorporam o estilo do criador ou sua visão da moda. Muitos estilistas adotam uma musa para atuar como uma contribuição adicional ao desenvolvimento de cada coleção. John Galliano trabalhou com Lady Amanda Harlech, mas depois a perdeu para Karl Lagerfeld, da Chanel, onde sua contribuição continua sendo parte do processo de criação. Modelos também podem ser figuras influentes – por meio de seu próprio estilo pessoal, ou como um "rosto" para ser usado em campanhas publicitárias para o estilista ou para a marca.

Com uma investigação cuidadosa e uma boa análise da concorrência, os estilistas podem começar a identificar um segmento de mercado e o cliente específico para a sua visão de moda. Às vezes, os estilistas criam uma situação imaginária em que os personagens estão envolvidos em um enredo, uma história ou um cenário, representando figuras históricas conhecidas ou totalmente fictícias. Essa combinação de pessoas e eventos funciona como um ótimo ponto de partida para imaginar, visualizar e definir cores, tecidos e formas sem restrições. As coleções de John Galliano são um bom exemplo desse método – suas criações ilustram a enorme gama de possibilidades pela combinação de fragmentos de inspiração. Embora seja uma abordagem romântica ou estilizada de identificação do perfil do cliente, a maioria das grandes empresas é capaz de definir cada aspecto de seus consumidores por meio de informações de vendas e marketing.

Essas informações levam em conta as influências sociais e econômicas e a variedade de fatores que define o estilo de vida dos clientes. Criadores de moda bem-sucedidos são capazes de definir seus clientes em relação à empresa, do passado e do presente até o futuro. É possível começar com uma visão de moda, ou uma abordagem purista da moda, em que um aspecto do processo – talvez uma modelagem criativa – defina as peças finais. É importante pensar no cliente, na ocasião e no custo para que a coleção final funcione em qualquer contexto comercial. No entanto, nem todas as peças de uma coleção são criadas com fins comerciais. Peças mostradas na passarela funcionam como uma ferramenta promocional para atrair a imprensa, que ajuda a reforçar a popularidade e o reconhecimento do estilista.

1 Stephen Jones colabora com John Galliano há mais de 15 anos. John Galliano, P/V09. Catwalking.com.

2 Ilustração de Stephen Jones.

Criatividade *versus* usabilidade

"O que torna os chapéus de Stephen tão especiais é sua personalidade, sua elegância e seu refinamento. Tudo o que ele cria parece simplesmente harmonioso. Essa é a arte da chapelaria."

John Galliano

A criatividade é uma questão subjetiva, pois toda moda exprime uma visão e um processo criativos. A usabilidade também é subjetiva e fica a cargo do consumidor, que pode julgar a autoimagem, aceitabilidade e adequação, dependendo da ocasião ou de seu estilo de vida. O consumidor de hoje é bombardeado por opções e o entusiasmo da mídia por moda, celebridades e prestígio abrange todas as formas como moda e estilo podem ser retratados. Muitos estilistas criam peças extravagantes para a passarela – sejam elas chapéus, sapatos ou roupas – com o objetivo de chamar a atenção da imprensa especializada e ganhar o máximo de cobertura. Grifes consagradas organizam desfiles tanto de alta-costura como de prêt-à-porter, e os estilistas são incentivados a criar apresentações espetaculares e teatrais como prévia para as campanhas publicitárias. As peças mostradas na passarela são, geralmente, resultado de uma colaboração criativa. John Galliano, por exemplo, colabora com o chapeleiro Stephen Jones, e Alexander McQueen com o chapeleiro Philip Treacy. Nesse tipo de coleção, trata-se mais de contar histórias do que de vender. Outros estilistas inovam na forma de apresentar suas coleções a custos mais baixos, organizando desfiles em locais incomuns e apresentando as roupas de maneiras experimentais. No entanto, seja qual for a abordagem, o nível de mercado ou o perfil do cliente, a realidade comercial é que criatividade e usabilidade são interdependentes para o sucesso dos negócios na moda.

O que é uma coleção?

Pesquisa e desenvolvimento

Temas e direcionamentos para coleções podem ser aprimorados e desenvolvidos a partir de uma pesquisa inicial, independentemente do local, da época ou da estação. O processo de pesquisa é um aspecto permanente do papel do estilista e é pouco provável que comece do zero.

Ao desenvolver uma coleção junto à equipe, o estilista começa explicando de modo geral a aparência ou o tema da nova coleção. Portanto, são usadas imagens e desenhos em painéis de inspiração ou conceituais, bem como roupas, amostras de tecido (às vezes tirados de peças vintage) e aviamentos, elementos que podem ser peças-chave para a nova coleção. Após a discussão de formas e tecidos, os primeiros moldes e toiles são preparados. Os toiles são refeitos e ajustados várias vezes ao longo do processo, da ideia inicial ao resultado final. A maioria dos estilistas e fabricantes contrata um modelo, conhecido como modelo de prova. Essa etapa é fundamental para refinar e confirmar proporções exatas, posicionamento de detalhes, movimento e aparência geral. Os modelos são contratados especificamente de acordo com sua altura

1

1 Estilista > inspiração > visualização > briefing para a equipe de prototipagem, incluindo modelista, pilotista e analista financeiro (para custeio e transações comerciais).

5 Estilista > produtor do desfile para definição de local, trilha sonora, cenário, convites, modelos, cabelo e maquiagem.

2 Estilista > gerente comercial para custeios finais e pedidos de produção (materiais e tempo de confecção).

4 Etilista > gerente comercial e compradores do varejo para fechar pedidos e confirmar a produção.

3 Estilista > stylist para a apresentação final na passarela.

e suas medidas, pois essas informações serão fundamentais para o modelista e também na hora de fazer o *casting* de modelos para o desfile. Depois que as peças forem compradas por lojistas, elas serão redimensionadas, com alterações no comprimento e nas proporções, por exemplo. Isso é importante na exportação para alguns mercados internacionais, ou pode simplesmente refletir o tipo de consumidor, que pode querer uma versão menos extrema das peças apresentadas na passarela.

Dependendo da temporada que está sendo desenvolvida, especialistas podem ser contratados temporariamente para trabalhar em determinadas peças ou looks. Esses *freelances* podem ser alfaiates, estilistas de estampas ou especialistas em malhas, pedraria ou bordados. À medida que a equipe cresce e as variáveis dentro da coleção aumentam, o estilista deve supervisionar todas essas atividades para garantir que a visão original – ou briefing – continue sendo seguida. Estilistas *freelances* podem participar do briefing logo no início, ou ser contratados para produzir peças individuais, como sapatos ou chapéus, que irão destacar um aspecto específico da coleção.

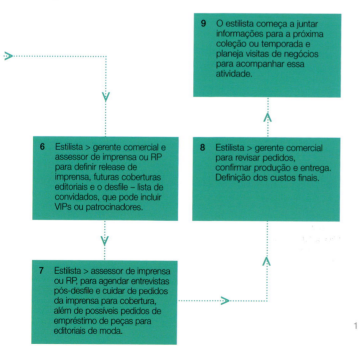

1   Este diagrama ilustra cada etapa no processo de desenvolvimento de uma coleção.

O que é uma coleção?

Feiras de tecidos

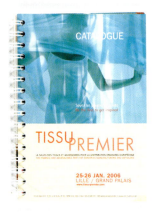
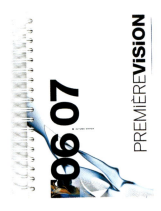

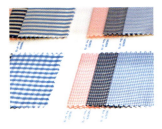

A escolha de tecidos é parte fundamental do papel do estilista, que visita feiras comerciais duas vezes por ano, antes do início da temporada seguinte, para pesquisar as novidades em tecidos (ou, caso tenha um bom relacionamento com os fornecedores, pode desenvolver seus próprios tecidos). A Première Vision é a feira mais famosa de tecidos e tendências de moda e reúne designers de estampas e fabricantes de todo o mundo. Outras feiras incluem a Pitti Filati, em Florença, com foco em fios e cores, e a Linea Pelle, em Bolonha, que trata especificamente de couro e produtos e tendências para o setor coureiro. A Première Vision, a Pitti Filati e a Linea Pelle acontecem duas vezes por ano, geralmente em janeiro ou fevereiro e junho ou julho. Outra feira de tecidos, a Texworld, cobre a produção do Extremo Oriente – com um custo seis vezes menor do que o dos tecidos europeus – e está se tornando cada vez mais popular, por ser uma alternativa mais barata à Première Vision. Também estão surgindo feiras menores, como a Tissu Lille, na França, e a Turkish Fabric Fair, em Londres, que recebe tanto estudantes quanto profissionais de moda. As informações de tendências são coletadas por meio dos diversos expositores.

No Brasil, destacam-se a Fenit (Feira Internacional da Indústria Têxtil), em São Paulo; a Febratex (Feira Brasileira para a Indústria Têxtil), em Santa Catarina; e a Fimec (Feira Internacional de Couros, Produtos Químicos, Componentes, Máquinas, Equipamentos para Calçados e Curtumes), no Rio Grande do Sul.

Em todas as feiras têxteis, os fabricantes exibem suas linhas de produtos em cabides para tecidos, geralmente organizados de acordo com tendências ou temas. Estilistas e fabricantes visitam esses eventos com a intenção de encomendar amostras de tecidos, que devem ser entregues em tempo para planejar e desenvolver as coleções da nova temporada.

A maioria dos expositores da Première Vision atende com prazer empresas de todos os portes para os pedidos de amostras, mas estabelece uma quantidade mínima para encomendas de tecidos, cores e estampas personalizadas. No caso de pedidos menores, os fabricantes podem cobrar uma sobretaxa ou agrupar as encomendas, o que aumenta o prazo de entrega. Muitos dos estilistas mais consolidados solicitam exclusividade na compra de determinados tecidos, estampas ou cartelas de cores. O custo adicional é repassado ao consumidor e se reflete no preço final da roupa.

1   Uma seleção de catálogos de feiras do setor têxtil: a Première Vision e a Tissu Premier são as principais mostras de tecidos; já a Pitti Filati apresenta novidades em fios.

2   Catálogo com amostras de tecidos para camisaria da Ringhart.

3–4   Estandes de expositores na feira de tecidos Première Vision.

O que é uma coleção?

Pesquisa de tendências

Tendências de moda, sejam elas atuais ou emergentes, são uma fonte constante de estímulo, e o conhecimento das tendências é visto como um elemento fundamental em todas as indústrias criativas. Tradicionalmente, as tendências são identificadas e compiladas para estilistas na forma de prognósticos, onde cores, tecidos, fios, silhuetas e ilustrações são reunidos em livros ou apresentados online, com a finalidade de prever os principais looks da próxima temporada. Essas informações detalhadas sobre tendências podem inspirar ou influenciar uma coleção em maior profundidade do que um único direcionamento para a estação ou look.

Agências de pesquisas de tendências ou "futurólogos" fazem apresentações a grandes empresas para estabelecer uma direção com base nas necessidades e aspirações do cliente. Um exemplo é o bureau de tendências Trend Union, de Li Edelkoort, com sede em Paris, que produz as revistas *View on Colour* e *Bloom*. Os clientes usam esses livros de previsões como ponto de partida para suas próximas coleções.
O objetivo de Li Edelkoort é "abrir a imaginação de nossos clientes e agir como um estímulo. Os livros apresentam os novos vetores, mas cabe ao cliente interpretá-los e ir além."

Com a evolução da moda e a grande variedade e disponibilidade de fontes de informação online, a indústria de pesquisa de tendências respondeu fornecendo uma gama mais ampla de produtos. Entre eles estão a inteligência em tendências, a gestão de tendências, as tendências internacionais de varejo, as tendências de consumo, e as tendências de publicidade, desfiles e tecnologia; tudo disponível por assinatura. Outra agência de prognósticos, a Studio M, com sede em Londres, trabalha em estreita colaboração com clientes de todo o mundo a fim de produzir pacotes para inspiração sob encomenda. Eles reúnem influências

22 / 23

1

2

de recortes de revistas e jornais, fotografias, objetos, amostras de tecidos tiradas de peças de referência, pinturas ou quaisquer outras imagens que complementem o tema, usando-os para criar painéis de tendências em tamanho A1. Eles podem tingir retalhos de tecidos com diferentes cores para criar uma paleta; fornecer amostras de bordados e aviamentos especiais; e reproduzir elementos como colarinhos tirados de roupas vintage para interpretar looks. Com o serviço completo oferecido por essas empresas, os clientes podem, em seguida, selecionar os elementos mais adequados conforme as necessidades de suas próprias coleções.

1 Montagem de painéis de tendências pelo Studio M.

2 Apresentação de tendências pelo Studio M, incorporando desenho técnico de moda.

Bureaux de tendências
www.thefuturelaboratory.com
www.carlininternational.com
www.trendstop.com
www.fashioninformation.com
www.promostyl.com
www.kjaer-global.com
www.stylesignal.com
www.usefashion.com

Como começar uma coleção > **Pesquisa e desenvolvimento** > A equipe

O que é uma coleção?

Bancos de referências

O uso de bancos de referências se tornou comum em todos os níveis do mercado de moda, onde ideias ou protótipos descartados podem ser revistos e reavaliados para futuras coleções. Peças de referência às vezes incluem itens de coleções passadas do próprio estilista. Essas peças poderão fazer parte de uma nova coleção, como réplicas cortadas em tecidos diferentes ou estampas, por exemplo, ou, em vez disso, podem influenciar criações totalmente novas.

Às vezes, uma coleção pode ser criada usando murais onde imagens, roupas e tecidos são agrupados em uma colagem tridimensional que engloba uma orientação de design ou tema, ilustrando as cores, formas e os detalhes envolvidos para criar um look coeso. Isso é útil para todos os membros da equipe envolvidos nos processos de desenvolvimento e produção e ajuda na hora de tomar decisões. É importante observar que os processos são contínuos, e alterações, adições e exclusões acontecem ao longo de todas as etapas do desenvolvimento. Atividades de pesquisa e desenvolvimento são interativas e muitas vezes exigem alterações e revisões até o último minuto.
O estilista ou gerente de produto é quem tem a decisão geral e definitiva sobre todo o conteúdo e a aparência da coleção.

Arquivos fotográficos são usados para registrar o desenvolvimento de toiles sobre manequins, mostrando cada etapa de uma ideia, ou imagens da coleção em peças ou looks individuais (muito útil na hora de escolher quais roupas serão usadas por cada modelo e planejar a ordem de entrada em um desfile). Muitos estilistas usam a fotografia a fim de compilar imagens para possíveis pesquisas e, como uma boa parte do desenvolvimento da coleção é baseada em imagens, isso economiza tempo e estabelece uma linguagem visual unificada. A fotografia desempenha um papel importante na documentação, no desenvolvimento e no registro de peças de moda. Com a acessibilidade de fotografia digital e das tecnologias sem fio, os estilistas já podem pesquisar e reunir um número infinito de imagens em bancos de referências pessoais.

Editando uma coleção

Independentemente de como ou quando um estilista começa uma nova coleção, sempre haverá problemas que desafiam o mais cuidadoso planejamento. Entregas, erros e atrasos são variáveis que devem ser esperadas e administradas. Outros problemas podem ocorrer quando o estilista terceiriza ou emprega especialistas *freelances* para colaborar na coleção e no desfile.

Mesmo quando a maioria das peças já foi finalizada, provada e fotografada em forma de conjuntos ou looks, novas alterações ainda podem ser necessárias se a coleção como um todo foge à ideia original, ou se o conjunto não tem unidade em termos de cor, tipo de roupa ou tecido. Durante o ciclo de desenvolvimento, é muito comum que ideias sejam rejeitadas para que novos aspectos sejam introduzidos ao planejamento da coleção, atrasando o cronograma. Embora essa seja uma visão generalizada do processo criativo dentro da indústria da moda, ela mostra com exatidão a complexidade e as energias convergentes envolvidas nesse processo.

Decisões de edição baseiam-se na coleção como um todo, para que tudo corra de acordo com o que foi previsto inicialmente. O estilista pode perceber que algumas peças ou looks não funcionaram tão bem quanto o esperado, ou que talvez pareçam repetitivas. Alterações e rejeições fazem parte do processo de desenvolvimento e são comuns em todos os níveis de mercado.

> **Fontes úteis para arquivos**
> Wayne Hemingway montou um arquivo online para o museu Land of Lost Content ("Terra do Conteúdo Perdido"). Essa enorme coleção de imagens populares da cultura britânica é uma fonte útil para estudantes e também para a indústria.
>
> www.lolc.org.uk

1   Série de painéis de Holly Berry, mostrando um arquivo fotográfico.

2   Coleção final editada de Alison Gaukroger, formada pela Kingston University, de Londres.

2

O que é uma coleção?

A equipe

1 Yves Saint Laurent em seu ateliê em Paris, 1965.

2 Backstage Giles Deacon, desfile da coleção O/I09. Catwalking.com.

O processo de desenvolvimento é cíclico e requer uma equipe com várias pessoas que desempenham funções específicas. A equipe geralmente é composta por um estilista, um modelista, um cortador de peças-piloto, um costureiro pilotista e um gerente de custos e produção. Também pode haver pessoas especializadas para a seleção de tecidos e aviamentos, designers de estampas e designers gráficos.

À medida que aumenta o número de coleções em desenvolvimento, cresce também a quantidade de colaboradores na equipe ou empresa. Muitas empresas maiores (grifes ou varejo) criam setores ou unidades especiais para cuidar de demandas comerciais e de desenvolvimento que fazem parte do processo. Assim, dentro das maiores companhias de moda, pode haver cargos de gerência de produto com responsabilidade sobre uma área muito específica, como moda masculina casual em malha ou moda feminina em malha circular.

1

O estilista

O estilista é o principal membro da equipe e é, em última análise, responsável pela criação da coleção, das fases iniciais de concepção à supervisão dos primeiros protótipos para venda. O estilista entrega um briefing a seus assistentes ou à equipe de criação a fim de gerar novas pesquisas ou comentários para o desenvolvimento.

Os estilistas podem ter várias relações profissionais, lidando com diferentes pessoas, de intermediários de tecidos e aviamentos, fornecedores de fios e designers têxteis a compradores, lojistas, analistas de custos, contadores e relações públicas ou assessores de imprensa. O estilista assume a responsabilidade sobre todas as decisões tomadas e sobre alterações feitas em qualquer aspecto do processo. A capacidade de comunicação é tão importante quanto a criatividade; de fato, costuma ser fundamental para o sucesso.

O que é uma coleção?

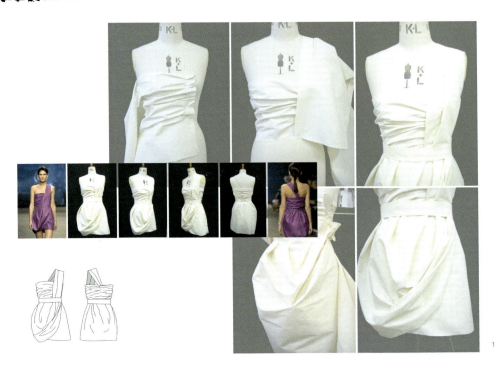

Modelista

O modelista trabalha a partir de imagens e desenhos do estilista, que transmitem o direcionamento e a estética da coleção. Colaborando geralmente com o estilista e o costureiro pilotista, o modelista é responsável por ajudar a concretizar uma ideia ou visão em três dimensões.

O modelista deve ser capaz de interpretar a forma e a proporção para a nova coleção trabalhando principalmente com o modelo esboçado pelo estilista. O cuidado no manuseio e a utilização de tecidos apropriados para atingir o modelo desejado é uma das principais habilidades do modelista criativo. Ele também é contratado para trabalhar em peças menos criativas, adaptando moldes já existentes ou fazendo a graduação de moldes, por exemplo. Hoje, esse processo é frequentemente feito por computador, mas é útil que o modelista conheça os princípios de graduação de acordo com diferentes tamanhos e formas de corpo.

Pilotista

O costureiro pilotista é diferente de um costureiro de produção industrial: é especializado em adaptar novos designs. Ele trabalha junto ao modelista para criar os toiles e as primeiras peças-piloto cortadas no tecido. O toile é feito primeiro: é uma réplica em termos de forma, mas não vai ser concluído com overloque ou detalhes. Casas de botões e bolsos, por exemplo, são apenas desenhados sobre o calico. Depois que os toiles iniciais são montados, o estilista e o modelista ajustam o tamanho e a posição de golas e bolsos e também os comprimentos de bainha, para então cortar a peça-piloto no tecido final. Em empresas maiores, um coordenador de confecção de peças-piloto garante que os prazos sejam cumpridos em todos os requisitos de prototipagem. Os costureiros recebem os tecidos cortados e agrupados junto a um croqui com anotações do estilista ou uma ficha de pilotagem (contendo um desenho, medidas exatas e detalhes sobre aviamentos e acabamentos).

Cortador de peças-piloto

Alguns ateliês empregam cortadores que trabalham com grande velocidade e precisão a fim de cortar os primeiros moldes de peças-piloto no tecido certo para o costureiro pilotista confeccionar a peça. Empresas menores esperam que os modelistas executem essa tarefa; às vezes, é parte do processo de confecção de peças-piloto sob responsabilidade de estagiários. Cortadores de peças-piloto também são responsáveis por cortar os enfestos, que são camadas de tecido sobre as quais se posicionam os moldes, para serem cortadas com uma máquina de faca ou máquina de disco e produzir várias peças. Em empresas maiores, esse processo normalmente é informatizado, permitindo que peças-piloto sejam cortadas em fábricas localizadas em outros países.

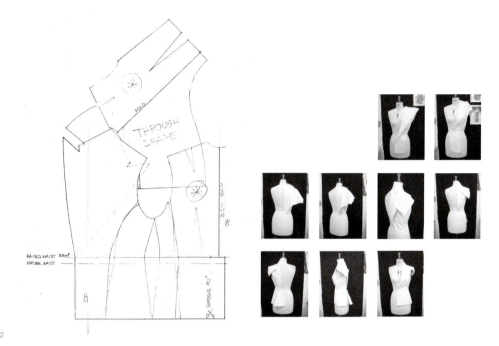

Gerente de produto

Em uma empresa que emprega uma equipe de estilistas e modelistas, um gerente de produto coordena todas as funções dos processos de confecção de peças-piloto à produção. Isso é importante se a empresa funciona em diferentes locais.

1–3 Moulage – o processo de modelagem sobre o manequim para criar um molde plano – por Camila Rossi.

Os moldes básicos
Os estilistas costumam guardar diversas bases de modelagem, a partir das quais podem desenvolver diferentes modelos. Uma "base" é um molde básico para a parte de cima ou para a parte de baixo do corpo, como uma calça ou uma saia.
Os moldes básicos de cada estilista são formas básicas aprimoradas, geralmente exclusivas, e resultado de intermináveis medições, provas e marcações de pences e linhas de costura. Esses moldes são geralmente segredos guardados a sete chaves, pois são a base para a excelência do corte e do caimento quando modificados. Toiles derivados de coleções anteriores podem ser incluídos para referência futura, e estilistas também podem abrir peças de referência para estudar técnicas de construção e corte. Essa prática é comum em empresas de todos os níveis de mercado.

O que é uma coleção?

Gerente de custos

Todas as peças de uma coleção que serão produzidas para venda devem ser custeadas. Isso pode ficar a cargo do estilista ou, em empresas maiores, de um gerente de custos. O custeio baseia-se em dois elementos principais: materiais (custo direto) e mão de obra (custo indireto). É também parte fundamental das fichas técnicas, que incluem detalhadas especificações de croquis, medidas, referências de tecidos e aviamentos e instruções especiais de acabamento.

O processo de custeio conecta a confecção de protótipos à produção, garantindo que a visão do estilista seja levada até o chão de fábrica. As peças-piloto são retrabalhadas e, às vezes, é preciso substituir tecidos – caso o custo seja muito alto depois de adicionadas as margens de lucro (para algumas lojas, as margens podem ser de até 250% para cobrir os custos). É cada vez mais comum o envio de peças-piloto para fábricas em países do Extremo Oriente, para que sejam copiadas por taxas muito inferiores de tecidos e mão de obra. No entanto, com a atual e crescente ênfase em tecidos orgânicos e sustentáveis, os custos também estão aumentando, de modo que o marketing desempenha um papel importante na promoção do valor agregado e da consciência social.

Compradores e merchandisers*

O comprador de moda é julgado em função das vendas e da rentabilidade do departamento pelo qual é responsável. Por isso, a maioria dos compradores busca avidamente descobrir novas linhas ou estilistas capazes de trazer algo diferente a uma empresa de varejo estabelecida. Qualidade, confiabilidade de entrega e continuidade dos pedidos são considerações essenciais além do custo. A relação entre estilistas e compradores é importante e pode impulsionar uma carreira de sucesso – como no caso de Joan Burstein, da Browns, em Londres, que comprou a coleção de formatura de John Galliano e a colocou nas vitrines da loja.

Em várias grandes empresas, o papel do merchandiser é igual ao do estilista; eles geralmente trabalham juntos para criar e editar a coleção de acordo com um preço determinado. Merchandisers são responsáveis pelas peças de uma coleção que chegam às prateleiras da loja. Eles atuam na contabilidade e na tomada de decisões, com um entendimento criativo do produto. Nos Estados Unidos, as funções de merchandiser e de estilista se completam. No Reino Unido, no entanto, os merchandisers lidam com números e quantidades, colaborando com os compradores, que são responsáveis pela organização e seleção na equipe de criação. Trabalhando dentro de orçamentos, o estilista, o merchandiser e o comprador são responsáveis pelo sucesso comercial da empresa.

Stylists e relações públicas

Os estilistas e produtores trabalham com um stylist para pensar em como apresentar a coleção para a imprensa, compradores ou consumidores. Geralmente trabalhando como *freelance*, o stylist supervisiona cada elemento da coleção para garantir que a visão original seja mantida. O stylist também pode ser o principal contato para organizar um desfile; ele pode cuidar de sapatos, acessórios, cabelo e maquiagem, e até mesmo da música usada como trilha sonora do desfile. Stylists experientes transformam a peça mais básica em tendência ou look-chave e inspiram um público mais amplo de estilistas e produtores.

Profissionais de relações públicas (RP) também podem trabalhar com funções de um stylist, cuidando da aparência do desfile e trabalhando com fotógrafos para criar editoriais e anúncios para revistas. Relações públicas também distribuem look books e agendam reuniões com compradores.

1   A estilista Natsumi Zama faz ajustes em uma roupa para uma sessão de fotos.

---

* N. de R. T.: No Brasil, o papel do merchandiser é desempenhado pelo gerente de produto ou de marketing.

Recursos

Uma típica empresa de moda iniciante provavelmente terá de se instalar em um local pequeno ou adaptado. Os requisitos básicos, se as peças-piloto forem feitas no próprio ateliê, são uma mesa de corte, máquinas industriais e equipamento de passar. Deve haver um espaço reservado para guardar tecidos (para peças-piloto da atual temporada e para produção), aviamentos, papel para moldes, moldes finais e araras e cabides. Um espaço para reuniões e um showroom para visitantes criam uma aparência profissional. A maioria dos espaços alugados para empresas de moda já é preparado para possibilitar essa configuração. Dependendo de como uma coleção é produzida, é comum que a maioria das atividades seja terceirizada para fornecedores especializados, como modelistas e pilotistas. Isso depende da capacidade de empresas terceirizadas ou unidades externas de "corte, costura e acabamento" de entender as necessidades e especificações do estilista.

Independentemente do suprimento exato de recursos, custos e despesas gerais devem ser cuidadosamente administrados e incorporados ao custeio das roupas. Muitos estilistas lançando nova marca fracassam por não ter conhecimento suficiente da área de negócios. Alguns dos estilistas mais bem-sucedidos, como Yves Saint Laurent, Giorgio Armani e a britânica Betty Jackson, começaram suas empresas com um especialista financeiro ou comercial – permitindo assim uma clara definição de funções dentro da empresa.

1

O que é uma coleção?

1   Look book da coleção final de Nicolas Barton.

2   Exposição *Philadelphia Florist*, de Shelley Fox, na Galeria Stanley Picker, Kingston University.

Apresentando a coleção

A maioria das coleções de estilistas é apresentada internacionalmente como parte de uma agenda de desfiles dividida em primavera/verão e outono/inverno. Esse método tradicional de mostrar novos looks é o mesmo em todas as capitais da moda: uma programação de desfiles com duração de uma semana atraindo compradores e imprensa. As principais casas de moda usam esses eventos para promover sua marca, enquanto as vendas são geralmente feitas em apresentações menores para clientes-alvo ou a partir de pré-coleções voltadas especificamente a clientes leais. No entanto, cada vez mais os estilistas estão optando por mostrar seu trabalho de formas alternativas, seja por meio de uma exposição, instalação ou apresentação online. O site de Nick Knight (www.showstudio.com) exibiu as primeiras instalações de Shelley Fox e continua promovendo formas alternativas de apresentar coleções. Ele promove o trabalho de Gareth Pugh e Aitor Thorp, mostrando vídeos de suas instalações em vez do tradicional desfile. Algumas coleções de estilistas baseiam-se na moda como obra de arte ou em colaborações com artistas. Essas roupas podem servir de influência para outros estilistas, mas raramente são vistas como peças de moda: elas não são criadas para serem usadas como vestuário, mas para ampliar nossa percepção das roupas.

Por exemplo, na década de 1930, Elsa Schiaparelli colaborou com o artista surrealista Salvador Dali para criar uma divertida série de estampas e acessórios *trompe l'oeil*. Essa colaboração foi interessante intelectualmente, muito influente e ainda hoje serve de referência. A estilista e artista Lucy Orta (www.studio-orta.com) usa peças de roupa como elemento narrativo em uma série de exposições internacionalmente aclamadas. Não há uma aplicação imediata de moda para essas imagens – no entanto, esse trabalho pode influenciar o processo de moda e o consumidor.

Outro exemplo de coleções de moda apresentadas para apreciação, sem aplicação comercial imediata, são as exposições com curadoria, como *Superheroes: Fashion and Fantasy*, no Metropolitan Museum of Art em Nova York, uma mostra temática de peças de moda inspirada em personagens de histórias em quadrinhos e seu estilo. Além disso, exposições retrospectivas, projetadas para celebrar a carreira de um estilista, podem gerar um novo interesse em determinado estilo ou visual. Giorgio Armani, Viktor & Rolf e Bill Gibb são alguns exemplos.

Coleções complementares
Alguns estilistas lançam uma coleção extra, menor, em dezembro ou janeiro, conhecida como *cruise collection* ("coleção de cruzeiro") no Reino Unido ou *holiday collection* ("coleção de férias") nos Estados Unidos. Essas coleções são basicamente linhas de verão, prontas e disponíveis antes que as lojas recebam as novas linhas de primavera completas. As "coleções de cruzeiro" são populares entre os clientes de classes mais altas que saem de férias nessa época do ano. Cada vez mais, a exclusividade é valorizada pelos clientes. Estilistas como Nicolas Ghesquière, da Balenciaga, trouxeram de volta as coleções complementares. De forma semelhante ao que acontece na alta-costura, essas coleções são mostradas para clientes privados e não estão disponíveis para o público em geral.

A equipe > Apresentando a coleção > Giles Deacon

O que é uma coleção?

Look books

Embora sejam em geral espetaculares, os desfiles podem não ser necessários para o sucesso comercial de uma coleção. Mesmo que esses eventos contem com a presença de compradores e da imprensa, as peças compradas para varejo podem ser significativamente diferentes (ou seja, mais usáveis) e são selecionadas antes mesmo da apresentação da coleção da temporada. Estilistas e lojistas compilam cada coleção em um look book, no qual as peças são organizadas em looks e então fotografadas. Longe das passarelas, as decisões são tomadas com base no que o cliente desejará e em quando os itens estarão disponíveis. Esse processo de compra ou de seleção pode acontecer no ateliê do estilista ou em um espaço alugado. Estilistas que mostram suas coleções em Londres, por exemplo, podem ser convidados a vender em eventos como Trenois ou Rendez-Vous, em Paris. Eles podem alugar um salão durante o período de vendas – que costuma durar até duas semanas – para que compradores possam agendar visitas para ver a coleção.

1   Look book de moda masculina de Chris Owen.
2   Look book da coleção O/I09 de Danielle Scutt.

34 / 35

A equipe > Apresentando a coleção > Giles Deacon

O que é uma coleção?

Desfiles

Os desfiles são uma forma de apresentar as coleções em um contexto idealizado e sensorial com o objetivo de ganhar cobertura da imprensa, assim como gerar encomendas. Os custos e a carga de trabalho aumentam drasticamente e às vezes podem não resultar em pedidos da coleção. No entanto, muitos estilistas obtêm apoio ou patrocínio para seus desfiles, que são vistos como essenciais na construção de uma marca ou empresa de moda.

Todos os desfiles seguem um processo semelhante de produção, variando em relação a orçamento e escala. O orçamento deve incluir custos com local, modelos, música, cabelo, maquiagem, produção do desfile, convites e divulgação. Os custos tendem a ser elevados e o planejamento é exaustivo, já que os desfiles são quase sempre "ao vivo"

36 / 37

2

e analisados de perto pela imprensa, compradores e especialistas em moda. As decisões tomadas envolvem cada aspecto da produção e invariavelmente surgem problemas que exigem paciência e flexibilidade. Nessa etapa do processo, os prazos são muito importantes, já que o desfile tem data e hora programadas e os ensaios são necessários para garantir que os modelos tenham tempo para as trocas de roupa e que aprendam possíveis definições de coreografia.

A coleção normalmente é mostrada na forma de looks, ou entradas, onde cada peça é coordenada para apresentar a visão do estilista. Coleções maiores podem ser apresentadas por cor, tecido ou ocasião. Um desfile dura geralmente cerca de trinta minutos, dependendo do número de looks ou entradas.

1–2   Desfile da coleção final de Alison Gaukroger.

3   A maquiadora Vaida Mygnete com uma modelo no backstage.

A equipe > **Apresentando a coleção** > Giles Deacon

O que é uma coleção?

Entrevista: Giles Deacon, estilista

1

2

Como você começa suas coleções?
Começamos a próxima coleção antes de concluirmos aquela em que estamos trabalhando. Por exemplo, a pesquisa para o outono/inverno 2009 começou três semanas antes do desfile de primavera/verão 2009. Precisamos manter o ritmo no ateliê, já que alguns membros da equipe são contratados com um salário mensal, então produzimos o tempo todo e também fazemos pré-coleções. Quando pesquiso para a nova coleção, uso elementos que foram reunidos durante todo o ano e trabalho em cadernos de esboços.

Como você desenvolve novas formas?
Moldes que não deram certo no passado são trabalhados novamente. Os modelistas trabalham em novas formas a partir dos painéis de inspiração; os acabamentos podem vir de peças excedentes para serem usados em novos tecidos. Também defino miniprojetos para assistentes e estagiários que visitam diversas lojas, observando como são feitas as roupas de grifes como Prada e Lanvin. As interpretações dos novos estilos precisam parecer criações de Giles.

Quantas coleções você desenvolve?
São oito no total: duas coleções principais, primavera/verão e outono/inverno, para Giles; duas pré-coleções, para julho e novembro; e quatro coleções por ano para a New Look.

Quantas pessoas fazem parte de sua equipe?
São nove em tempo integral, quatro que trabalham meio período e vários estagiários.

Como você define uma cartela de cores?
Eu faço isso instintivamente, começando com preto profundo e azul-marinho e adicionando algumas novas cores para os detalhes. Escolher uma cor não é um grande problema.

Onde você compra os tecidos?
Japão e Reino Unido, França para o denim, rendas na Áustria e desenvolvo crepes em tecelagens britânicas que produzem 30 metros exclusivamente para nós.

Como você desenvolve estampas e malharia?
Tenho uma relação profissional de longa data com os designers Fleet e Rory, que interpretam o espírito da coleção ou estamparia. As ideias são desenvolvidas em conjunto com os designers de estampas. Rory trabalha nos desenhos e Fleet trabalha texturas. Syd trabalha tricôs mais grossos para a passarela e as peças-piloto de malharia fina são feitas na Itália. Também usamos cristais Swarowski em bordados e estampas.

Como você se comunica com os modelistas?
Eu esboço ideias para nossos modelistas criativos que trabalham com moldes e draping sobre o manequim. Eles envolvem o tecido no manequim, trabalhando espontaneamente, vão adicionando elementos, e é comum acontecer um feliz acaso que acaba virando um toile para a coleção. Fotografamos tudo e fazemos anotações em cadernos.

3

4

Como você faz suas primeiras peças-piloto?
Todas as peças-piloto são feitas no ateliê e, se estou viajando, a equipe envia imagens dos protótipos em desenvolvimento por telefone.

O que você define como uma linha dentro de uma coleção?
Pequenas famílias. Uso uma grade de linhas que me fornece uma visão geral, por exemplo: 70% vestidos, 10% casacos, 10% saias e 10% tops.

Por quanto seus vestidos são vendidos?
Eles começam em 600 libras (R$ 1620) e vão até 2.000 libras (R$ 5400) em lojas de departamentos. Tudo o que mostramos na passarela está à venda. Um vestido longo especial, peça única, vendido na Barneys ou na La Moda, pode chegar a 30.000 libras (US$ 48.000).

Quantos looks são apresentados no desfile?
Cerca de 42, com os 10 primeiros looks definindo o clima do show.

Você tem algum colaborador?
Sim, Stephen Jones para os chapéus e Christian Louboutin para sapatos. Também tenho LCF, MAC e Swarovski como patrocinadores. Trabalho ainda com Dell, Intel, LG Phones, Tanqueray No. Ten e perfumes CPL.

Você trabalha com um stylist?
Sim, Katie Grand. Temos reuniões durante toda a temporada e finalizamos cores e tecidos juntos.

Onde sua coleção é vendida?
Temos um showroom em Paris para diretores de lojas e gerentes de compras durante duas semanas após os desfiles.

1–4   Ilustrações de Giles Deacon.

O que é uma coleção?

Entrevista: Shelley Fox, estilista e designer têxtil

1–2

Como você começa suas coleções?
Minhas coleções não começam a partir de uma folha em branco. No caso de *The Philadelphia Florist*, eu havia encontrado três diários em um mercado de pulgas e passado três anos com eles; então, quando surgiu a bolsa de pesquisa da Stanley Picker Gallery, na Kingston University, achei que os diários poderiam ser usados para o projeto. Estou sempre juntando elementos, mas nem sempre sei quando e onde vou usá-las. Nunca descarto uma ideia depois que a coleção já está pronta, porque as ideias sempre são usadas em outro lugar mais tarde. Acho que existe uma linha constante de interesse tecendo seu caminho através de cada coleção, com um ponto de vista diferente dependendo de como você está se sentindo no momento. Em 1998 produzi minha primeira instalação, chamada *The Braille Collection*, que se tornou famosa na loja Joseph durante a London Fashion Week. Desde então, ela fez parte de uma série de exposições internacionais, mais recentemente na mostra *Archaeology of the Future*, pela guru de tendências Li Edelkoort, em Paris e Eindhoven.

Quantas coleções você desenvolve?
Agora que estou morando em Nova York e lecionando na Parson's, poderia administrar apenas um projeto por ano ou por um período mais longo. Acho que ainda é importante para mim desenvolver minha própria maneira de trabalhar. Parei de fazer coleções para vender em 2004. O próximo grande projeto depois disso foi *Fashion at Belsay*, uma instalação montada em uma casa do século XIX na região de Nortúmbria, na Inglaterra. A instalação era feita com roupas, mas elas forravam as paredes em vez de ficarem expostas em manequins.

Você define cartelas de cores? Como?
Não sou uma estilista de coleções excessivamente coloridas, já que costumo me concentrar mais em silhuetas e texturas, mas houve algumas coleções em que trabalhei com lãs amarelo-queimado, tecidos com estampas em código morse e tecidos de lantejoulas queimadas. A cor não é uma prioridade no início de uma coleção. A coleção totalmente branca *The Philadelphia Florist* surgiu a partir de um tecido branco que comprei de uma empresa do Japão; a questão era mais a manipulação do tecido do que a estampa.

Quais são suas fontes para tecidos?
Uma combinação de Première Vision, para o básico de qualidade, ótimos tecidos de alfaiataria e tecidos para camisaria no Reino Unido. Fiquei conhecida por fazer meus próprios tecidos, como os feltros da minha coleção de formatura, usando fios fornecidos por John Smedley, tecidos na Nottingham Trent e feltrados em máquinas de lavar roupa. Para a produção, eu treino assistentes no processo de feltragem para que eles peguem o jeito certo. Não há duas peças iguais na produção e a beleza está na exclusividade.

Você encomenda têxteis, como malharia, estamparia, tecidos e bordados?
Trabalhei com a estilista de malharia Tomoko, do Livingstone Studios, para tricôs grossos feitos à mão, quando ela ainda estava no Royal College of Art. Ela trabalhou em algumas coleções para mim. Também trabalhei junto com a Todd and Duncan, que patrocinou fios em três temporadas, e as roupas foram produzidas em uma fábrica em Hawick, na Escócia.

3

Como você desenvolve formas e silhuetas: modelagem plana, draping ou moulage?
O corte circular lá do início era feito a partir de desenhos brutos cortados para criar novas silhuetas. Foi um processo que se desenvolveu ao longo de algumas das primeiras coleções; foi influenciado por meu companheiro, que é artista plástico e tem uma visão diferente do meu trabalho. As formas também são desenvolvidas sobre o manequim e os detalhes são fotografados. O processo de criação vai e volta entre desenho e fotografia e, finalmente, trabalhamos no corte. Assim que tudo estiver ajustado no manequim, as formas são transformadas em moldes planos.

Como você cria as primeiras peças-piloto e quantas são feitas para cada coleção?
As primeiras peças-piloto são feitas no ateliê, mas a parte de malharia é enviada para ser prototipada nas fábricas diretamente a partir das fichas técnicas, com especificações que já foram testadas na forma de toiles no ateliê. Para minha marca própria, representantes costumavam selecionar protótipos do Japão que parecessem relevantes, e eles eram então recriados.

Dentro de uma coleção, quantos looks, em média, são criados somente para a passarela?
Criei 12 looks para minha coleção de mestrado na Central Saint Martins, mas já cheguei a fazer 45, o que pode custar muito caro para repetir em diferentes cores e tecidos na produção. As coleções se tornavam muitas vezes confusas quando ficavam muito grandes. Eu guardo as melhores peças usadas em editoriais de moda e, normalmente, uma cópia de cada peça para arquivo. O resto é vendido em pontas de estoque.

Você tem linhas secundárias além da coleção principal?
Não, porque nunca criei as coleções dessa forma. Para mim, o mais importante era manter o foco na coleção principal.

1–3 Exposição *The Philadelphia Florist*, de Shelley Fox, na Stanley Picker Gallery, Kingston University.

Como você trabalha com stylists e RPs para vender a coleção?
Já trabalhei com diversos stylists no passado, como Nancy Rhode e, mais recentemente, Jane Howard para a apresentação de *Spectres* no Victoria & Albert Museum. Também trabalhei com a agência Abnormal PR – eles esperavam seis meses para mostrar cada coleção à imprensa e trabalhavam comigo nos desfiles.

O que é uma coleção?

Entrevista: Richard Nicoll, estilista

Qual foi sua primeira coleção após a graduação?
Depois de trabalhar como *freelance* para outras empresas (Topshop, Matthew Williamson e Bora Aksu) e como assistente de stylists, a RP Mandi Lennard me pediu para fazer uma pequena coleção complementar de oito vestidos para o outono/inverno 2004, chamada *Twisted*. Ela foi desenvolvida a partir da minha coleção de graduação, que era esportiva com recortes estruturados baseados em técnicas de alta-costura. Lulu Kennedy, do projeto Fashion East, viu essa coleção e patrocinou a versão para inverno, que incluía casacos. Conheci meu sócio, que tornou realidade minha coleção primavera/verão 2006 e a vendeu para a b Store em Londres. Fiz três desfiles dentro do projeto New Generation, inéditos; um deles foi uma apresentação de slides, em uma colaboração com um stylist.

Como você começa suas coleções?
Começo com silhuetas; em seguida, vem a pesquisa, que começa com o tema e depois a cartela de cores. Faço um toile básico que inspira algumas peças. Desenvolvo os componentes separadamente, como cinco ideias para cinco partes de baixo, depois mangas separadamente, e assim as peças vão sendo construídas. Depois desenhos os looks na sequência da passarela.

Quantas coleções você desenvolve?
Eu desenvolvo duas coleções duas vezes por ano e duas pré-coleções.

Quantos membros tem sua equipe?
São quatro modelistas, um deles para alfaiataria, e também trabalho com Jacob, que é stylist.

Onde e como você compra os tecidos?
Obtenho tecidos nos estoques de tecelagens e também por meio de representantes, como de um italiano que representa sedas especiais de Tessio, e também uso tecidos da Canepa, na Suíça, para camisaria.

Onde são feitas suas peças-piloto?
Mando fazê-las em fábricas na Polônia e na França para alfaiataria e vestidos; as camisas são feitas na Inglaterra.

Dentro de uma coleção, quantas peças, em média, são feitas somente para a passarela?
Cerca de 10 a 15% das peças são feitas exclusivamente para os desfiles e são peças de alta-costura.

Quantas peças/entradas tem cada coleção? Esse número varia conforme a linha ou temporada?
O número pode variar entre 23 e 39 looks (que foi o caso da última coleção, e foi demais). Normalmente fica em torno de 35 para a coleção principal, com menos em uma pré-coleção.

Quantas linhas secundárias tem a coleção principal?
Eu desenvolvo uma linha para Thomas Pink, que começou com camisas e agora está fazendo vestidos (já fiz fotos usando a modelo Ben Grimes, o que é muito diferente para eles). Eu também desenho uma linha para a série Designer Collaborations, da Topshop. Desenvolvo também uma linha de camisas chamada Richard Nicoll Shirt para a Barneys, em Nova York.

Você colabora com outros patrocinadores ou marcas?
Trabalho com Christian Louboutin para sapatos, Serapian para bolsas e Ksubi para óculos de sol. Faço os looks completos na ordem de entrada, incluindo os acessórios. Meus chapéus para as coleções são feitos por Jeffrey Pullman.

1 Look book da pré-coleção P/V09 de Richard Nicoll.

O que é uma coleção?

Entrevista: Markus Lupfer, estilista

Como você começa suas coleções?

Visito a Première Vision para procurar tecidos com uma ideia de algo que eu já tenha pesquisado antes. Encontro coisas diferentes, novidades em tecidos, e em seguida faço uma pesquisa mais aprofundada em bibliotecas e mercados em busca de temas e inspiração. Pesquisar é buscar 24 horas por dia, com ideias novas a cada temporada.

Quantas coleções você desenvolve?

Quatro: duas coleções sazonais para Armand Basi, na Espanha, e duas para minha marca própria, Markus Lupfer, em Londres. Para as linhas pré-temporada, crio uma linha básica e adiciono bordados ou tingimentos para maior flexibilidade.

Você define cartelas de cores? Como?

Depois de ir à Première Vision, decido quais combinações de cores vou usar nos protótipos, dependendo da temporada. Mas sempre deixo em aberto, porque a moda é um camaleão e é importante mudar de acordo com o modo como você se sente e dar seu toque pessoal.

Como e onde você compra tecidos?

Itália, França, Alemanha e Japão. Também visito a Moda In, uma feira de tecidos em Milão, mas não é tão importante como a Première Vision. Visito também representantes e tecelagens especializadas.

Você encomenda têxteis (malhas, estampas, tecidos e bordados)?

Tricô e jérsei para Markus Lupfer e tricô, jérsei, tecidos e couro para Armand Basi. Mostro a inspiração da pesquisa aos tricoteiros e bordadeiros para desenvolver elementos dentro da temporada; não encomendo nada com muita antecedência, porque as coisas podem mudar dentro da coleção. Minhas fontes para bordados são a Índia, para Armand Basi, e Hong Kong e Reino Unido, para Markus Lupfer.

Como você desenvolve formas e silhuetas?

Antes e depois da Première Vision, eu crio um arquivo de ideias iniciais e recortes para criar uma biblioteca; é aí que começa a "pirâmide". A pirâmide representa as ideias sendo refinadas e editadas até chegar à coleção definitiva, que é o pico.

Para minha própria coleção, começo com moldes planos, passo para modelagem sobre o manequim e depois volto aos moldes planos.

Onde você faz suas primeiras peças-piloto e quantas você faz para cada coleção?

As peças-piloto para Markus Lupfer são feitas em Londres; para Armand Basi, são feitas na fábrica na Espanha. Para a Armand Basi, tenho que elaborar com antecedência um plano de coleção com os primeiros desenhos, já que é uma linha prêt-à-porter e preciso entregar todos os desenhos com o máximo de detalhes. Somente durante as provas posso fazer alterações. Se um look não se encaixa, preciso descartá-lo para que eu possa me concentrar sobre os modelos do plano que vão entrar na coleção. O mix de produto inclui casacos, jaquetas, calças, vestidos, tops e saias. A coleção final tem entre oito e dez vestidos, dependendo da estação.

Em média, quantos looks por coleção são feitos apenas para a passarela?

Para a Armand Basi, normalmente, cerca de 35, que são aprovados pelo RP.

Quantos looks tem cada coleção?

Para a Armand Basi, o número de looks varia e pode ficar entre 125 e 150 peças para cada coleção. Para a Markus Lupfer, são 70 peças em cada coleção. As peças de jérsei incluem tops, vestidos, jaquetas, calças e saias, e as de tricô incluem vestidos, tops e cardigãs.

Quantas linhas secundárias você desenvolve?

Somente a Markus Lupfer for Topshop.

Você colabora com outras marcas ou patrocinadores?

Já colaborei com Kangol, Mulberry, Ruffo e Cacharel quando trabalhava para Clements Ribeiro. Não tenho um patrocinador particular.

Como você edita e apresenta as coleções para seus clientes?

Por meio do meu RP para a Markus Lupfer e com um stylist para a Armand Basi.

Onde suas coleções são vendidas?

Vendo no Japão e na Alemanha. As peças de tricô e jérsei da Markus Lupfer serão vendidas online na ASOS, o que é muito empolgante.

Algum conselho para estudantes formados que desejam criar suas próprias coleções?

Você tem de ser determinado e precisa amar o que faz. Se você não está 100% comprometido, nem comece!

1 Coleção resort Markus Lupfer 2009.

Richard Nicoll > **Markus Lupfer** > William Tempest

O que é uma coleção?

Entrevista: William Tempest, estilista

Como você começa suas coleções?
Geralmente começo visitando bibliotecas, pesquisando imagens e observando como as roupas são usadas. Minha mulher ideal seria alguém como Charlotte Rampling: inteligente e interessante, não uma pessoa espalhafatosa. Prefiro pensar em mulheres reais, e isso influencia meu próprio estilo de criação.

Como você descreveria seu estilo de criação?
Roupas de noite, glamour com algo a mais. Conforto é importante. Eu mesmo faço as provas com as modelos e ouço suas opiniões à medida que as roupas são desenvolvidas. Não gosto de criar para mulheres magras demais.

Você se formou em 2007. Como você chegou tão rapidamente onde está?
Enquanto estava na faculdade, fiz um estágio na Giles e continuei lá durante o último ano. Quando me formei passei uma temporada lá. Durante a faculdade, ganhei uma bolsa de estudos patrocinada pela Marchpole, em Londres. A Marchpole tem relações com Jean Charles de Castelbajac em Paris, o que acabou levando a uma entrevista e a uma oferta de trabalho lá. Fui um dos assistentes do Monsieur de Castelbajac. Foi ótimo e aprendi muito. Na França, as leis trabalhistas permitem que, depois de três meses, o contrato temporário possa ser estendido a uma função permanente, que é o que a empresa havia planejado. Viver em Paris foi incrível e a empresa já tinha providenciado um apartamento para mim, mas quando meu contrato iria ser prorrogado, fui contatado por uma empresa no Reino Unido, que tinha visto meu trabalho no desfile de formatura. A empresa estava interessada em trabalhar comigo, para me lançar como estilista. Decidi que seria uma grande oportunidade e voltei a Londres para iniciar essa colaboração.

Como você começou sua própria marca?
Procurei diversas organizações para saber mais sobre apoios e desfiles em Londres. Meu apoiador financiou um desfile para mim e está feliz por eu desenvolver minha própria coleção dessa forma, enquanto trabalho com ele.

Como você desenvolveu esta nova coleção?
É uma coleção de primavera/verão, e comecei me inspirando na minha coleção de graduação – glamour com algo a mais. Fui à Harvey Nichols e à Selfridges para olhar os preços de venda para roupas do mesmo estilo – peças comercialmente viáveis. Em seguida, fui à Première Vision em Paris para pesquisar tecidos; fiz vários contatos quando trabalhava na Giles, o que foi útil. Estou trabalhando em 12 looks para esta coleção.

É muito difícil fazer tudo sozinho, em termos de administração?
Bem, é cerca de 40% criatividade e 60% de negócios e administração. É preciso organização total para fazer tudo funcionar. Eu faço um planejamento semanal para garantir que tudo corra dentro do cronograma. Ter trabalhado para a Giles e para Castelbajac também foi inestimável – vi na prática como funciona um negócio.

1–2 Coleção O/I08 de William Tempest.

Markus Lupfer > William Tempest > Colin McNair

O que é uma coleção?

Entrevista: Colin McNair, estilista de moda masculina para John Varvatos

Como você começa suas coleções?

Começamos com a cartela de cores, depois geralmente vamos a brechós em Londres, Paris e Nova York e juntamos novas peças de que gostamos. Aí começa a nascer um clima, espírito ou visual, juntamente com aquilo que o próprio John Varvatos está pensando e com sua orientação. Também lemos revistas para looks, proporções e ideias; tentamos visualizar o que queremos alcançar. Pesquisamos estampas vintage para desenhos de camisas e gravatas, e amostras de fornecedores de malhas e suéteres para ver pontos e padronagens. Ao mesmo tempo, começamos a buscar tecidos de todos os tipos em feiras têxteis e nos fornecedores com quem trabalhamos a cada estação. Discutimos em equipes o que estamos pensando e trocamos ideias. Com base em tudo isso, também começo a brincar com ideias gráficas para camisetas e começo a trabalhar com designers gráficos. Também olhamos coleções passadas e elaboramos planilhas de controle de estoque para ver o quanto desenvolvemos na última temporada e o que realmente foi vendido. Fazemos reuniões com as equipes de vendas para discutir sobre o que vende bem e o que não vende, nos reunimos com lojas de varejo para obter feedback e falamos com clientes.

Quantas coleções você desenvolve?

Desenvolvemos quatro coleções por ano – resort, primavera, pré-outono e outono. Cada coleção tem aproximadamente 120 peças, o que não inclui todas as cartelas de cores e criações diferentes que oferecemos. É grande!

Quantos membros tem a equipe de criação?

Tem o John (presidente-executivo da empresa), que está muito envolvido na criação. Tenho quatro estilistas para a linha mais jovem: um para casacos, jaquetas, camisas e calças; um para jeans e moda casual; um para malhas e suéteres; e um assistente. Eu superviso uma equipe de designers técnicos que trabalham em especificações e provas, comentando ao longo das etapas de desenvolvimento e produção. Também trabalho com um designer gráfico. A linha da coleção principal tem quatro estilistas para tecidos, três estilistas para malhas e suéteres e um para acessórios. Eles também contam com o apoio da equipe de desenho técnico.

Você define uma cartela de cores? Como?

É a primeira coisa que fazemos. Selecionamos cores de que gosto e imagens de cores e começamos a juntá-las de forma que se encaixem com a temporada e a inspiração. Temos uma biblioteca de cores com antigas amostras de tecido, pantones e fios de onde tiramos ideias.

Quais são suas fontes para tecidos?

Feiras de tecidos e fios, como Milano Unica, Première Vision e Pitti Filati, e viagens para a Ásia e a Europa, onde visitamos tecelagens para conhecer suas coleções (também recebemos as tecelagens no nosso escritório). Utilizamos principalmente tecidos da Ásia (China, Coreia e Japão) e Itália.

Você encomenda têxteis (malhas, estampas, tecidos e bordados)?

Não encomendamos esse tipo de produto. Podemos comprar tecidos de camisaria vintage de fornecedores especializados e trabalhar neles com nossas máquinas. Compro moldes e pontos de malha de designers de malharia.

Como você desenvolve formas e silhuetas: modelagem plana, draping ou moulage?

Nós desenhamos as roupas e enviamos fichas técnicas que as fábricas devem seguir para fazer o primeiro protótipo. As fichas técnicas contêm todos os desenhos, esboços de detalhes, especificações, materiais e todas as informações de que uma fábrica precisa para construir uma roupa. Geralmente temos moldes

1–5 Ilustrações de Colin McNair para John Varvatos.

4–5

antigos como referência para o corte, que usamos como base para novos moldes. Se é uma fábrica nova ou um novo corte, geralmente tentamos enviar um exemplo de temporadas passadas ou uma peça vintage para copiar.

Onde e como você cria seus primeiros protótipos? Quantos, aproximadamente, são feitos para cada coleção?
Muitos! A primeira fase é a mais experimental, portanto, trabalhamos bastante para ver o que fica melhor. Podemos cancelar elementos quando os vemos se eles não parecem bons e geralmente é assim que vamos editando até produzirmos a peça e mostrarmos aos compradores. Os primeiros protótipos são feitos a partir das fichas técnicas que enviamos. Em seguida, recebemos a primeira peça-piloto da fábrica para provas e comentários. Enviamos esses comentários de volta para a fábrica e eles fazem então uma nova peça-piloto com o tecido certo e com todos os aviamentos, lavagens e acabamentos certos. Se tivermos tempo ou sentirmos que precisamos verificar novamente, fazemos um segundo protótipo antes de produzir a peça-piloto definitiva.

O que você define como uma coleção?
Um grupo de roupas que pode consistir em diferentes categorias, como *outerwear*, couro, calças, casacos, denim (jeans), camisas, malhas, suéteres e acessórios.

Dentro de uma coleção, quantas peças, em média, são feitas exclusivamente para a passarela?
Nenhuma. A passarela é tirada diretamente da coleção concebida.

Quantas peças ou entradas tem cada coleção? Esse número varia conforme a temporada ou coleção?
Sim, isso varia. Acho que quanto mais focada e editada for a coleção, melhor ela vende. Geralmente desenvolvemos e fazemos as peças-piloto da coleção, que depois é editada em função das vendas em 30%. Eles vendem a seleção editada e geralmente veem que a coleção é editada em mais 20%, já que alguns produtos não vendem. Não podemos prever o que os consumidores irão comprar e é preciso oferecer uma seleção.

Como você apresenta as coleções para seus clientes?
A equipe de vendas vende as coleções em nossos showrooms, que são dentro da própria empresa.

Como você trabalha com stylists e profissionais de marketing e RP para vender a coleção?
Os stylists trabalham com John para definir o estilo do desfile. Após o desfile, as coleções serão vendidas pela equipe de vendas e, após a temporada de vendas, as coleções vão para um RP que envia para revistas, editoriais de fotos e clientes, para venda e divulgação.

O que é uma coleção?

Entrevista: Louis Armadola, diretor de merchandising da Brooks Brothers

Como vocês começam suas coleções?

Não somos uma empresa que lança tendências: nosso foco é no consumidor. Primeiro, analisamos o desempenho das linhas de produtos, o que vendeu e por que – como uma peça ou tipo de corte. Estudamos relatórios comerciais e somos influenciados pelo histórico de vendas – por exemplo, uma temporada de vestidos pode afetar as vendas de saias. Em segundo lugar, nos inspiramos nos modelos de arquivo, reunidos ao longo de 190 anos de comércio como uma marca tradicional. Em terceiro lugar, somos influenciados pelas tendências globais. A equipe de estilistas visita a Première Vision e vai a desfiles para conhecer tendências e prognósticos, assim como analisa a história da Brooks Brothers.

Quantas coleções vocês desenvolvem?

Temos quatro grandes remessas na nossa coleção principal: outono, férias, primavera e verão. Temos duas remessas no outono e apenas uma no verão. Uma remessa pode ter entre 100 e 200 modelos. Para Thom Browne, atual estilista convidado da linha Black Fleece, temos duas coleções com um total de 50 modelos cada.

Quantos membros tem a equipe de criação?

São 10, no total, liderados pelo diretor criativo, com estilistas convidados para linhas específicas, como Thom Browne para a linha Black Fleece e Junya Watanabe para uma reinterpretação da clássica linha de camisas *button-down* da Brooks Brothers. Os estilistas atacam em três frentes: executivo, estilista e desenvolvedor de produto.

Vocês definem uma cartela de cores?

Usamos cores clássicas na nossa cartela de base, complementada por cores dos serviços de tendências, Première Vision e Pitti Filati. Nosso suéter masculino de gola V é produzido em 30 cores.

Quais são suas fontes para tecidos?

Até 50% vem da Itália, e o restante do Japão.

Onde são feitos os primeiros protótipos?

Os primeiros protótipos são feitos nas fábricas onde são produzidos. As fichas técnicas são elaboradas pelo departamento técnico, que também produz moldes e os primeiros protótipos. Temos também uma fábrica de gravatas, onde usamos tecidos vindos da Itália e da Inglaterra.

Como vocês produzem novas formas e silhuetas?

A equipe de criação desenvolve novas formas com base em estilos existentes. O processo é mais uma evolução do que a criação de formas novas e revolucionárias – por exemplo, camisas de corte ajustado, se as tendências apontam para uma silhueta mais afinada.

Vocês encomendam malhas, estampas e bordados para as coleções?

Para malharia, temos fornecedores externos, que se baseiam em detalhes esboçados. As estampas são desenvolvidas a partir de nosso próprio arquivo.

1   Anúncio vintage da Brooks Brothers.

Quantas linhas secundárias você produz?
A Brooks Brothers tem uma divisão de confecção de uniformes para hotéis, militares e companhias aéreas.

Como os estilistas comunicam suas ideias para as novas coleções?
Eles trabalham com um briefing de design que é um roteiro para a direção da coleção. Esse trabalho é feito em estreita colaboração com os executivos para desenvolvimento e prototipagem. Os modelos então começam a ser trabalhados sob a forma de peças-piloto. Elas são analisadas em seguida por estilistas e executivos, que levam vários dias para montar a coleção de 50 peças que será comprada para as lojas.

Como vocês promovem a coleção?
Gastamos 50% a mais do que outras empresas em publicidade e divulgação. Produzimos um catálogo e um look book para promover cada coleção. Os clientes da Brooks Brothers são fiéis à marca e sentem-se parte da família. Organizamos eventos e enviamos emails aos clientes para que nos deem sua opinião. A Brooks Brothers é conhecida como o lugar aonde você foi levado para comprar seu primeiro blazer, então há um sentimentalismo associado com a marca, de forma semelhante à da Tiffany & Co., representando gerações de estilo.

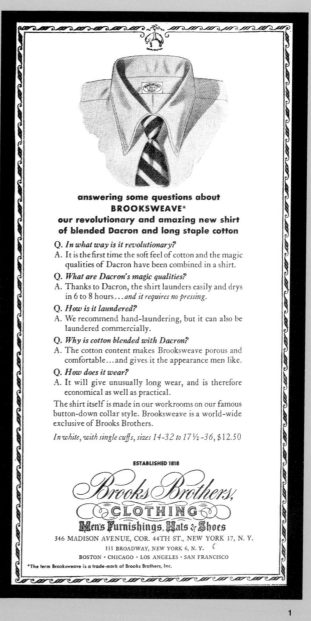

1

> **"Não estou apenas fazendo um vestido – estou contando uma história. O vestido é importante, mas é apenas uma parte da história."**
>
> Ralph Lauren

1   Ralph Lauren, P/V08. Catwalking.com.

É possível agrupar ou identificar temas comuns na moda – aqueles que influenciam o processo criativo no desenvolvimento de uma coleção ou o modo como escolhemos usar as roupas. Influências recorrentes incluem trajes típicos, esportes, uniformes de trabalho, exército, política e futurismo.

Cada nova coleção pode explorar uma redefinição sutil dessas influências recorrentes pelo uso de cores, tecidos, proporção e justaposição. Muitos estilistas consolidam marcas de sucesso com base em uma identidade visual que celebra um tema específico. Este capítulo mostra alguns exemplos de influências e fontes usadas por estilistas no desenvolvimento de coleções. Embora não seja uma lista exaustiva, ela ilustra como os estilistas respondem às influências e as traduzem para a realidade da moda, refletindo sua própria identidade de criação. Este capítulo não busca identificar grupos de consumidores nem tribos de moda ou subculturas específicas, mas concentra-se, em vez disso, em algumas das fontes da moda criativa e nos estilistas que ficaram conhecidos por definir uma determinada identidade ou estilo.

Coleções e suas influências

1 Vivienne Westwood vestindo o icônico terno de amarrações em tartan (por volta de 1977).

2 Martin Margiela, O/I02. Catwalking.com.

Pano de fundo

A cada temporada, os estilistas se esforçam para criar um look que se torne sua marca registrada ou uma identidade visual por meio de suas coleções. Muitas vezes, eles usam uma variedade de fontes e influências relevantes para o atual clima político e social. Por exemplo, o aparecimento de desconstruções e reconstruções é evidente em períodos de recessão, como no início dos anos 1990 e durante a crise econômica do final da década de 2000. Direções novas e radicais na moda costumam ser um reflexo dos excessos da época – ou uma reação a eles.

Vivienne Westwood transcende todas as influências e temas com suas coleções icônicas. Enquanto o Reino Unido enfrentava uma elevada taxa de desemprego no início da década de 1970, ela e seu marido Malcolm McLaren tiveram um papel importante no lançamento do agressivo "uniforme" do movimento punk, que contestava os valores da sociedade da época. O uso que a estilista fez do tartan é lendário, desde as primeiras calças com amarrações até a alfaiataria requintada das coleções mais recentes.

1

O visual glamouroso, hedonista e luxuoso dos anos 1980 foi liderado pelo estilista italiano Gianni Versace, o "Rei dos Excessos". Esse período de alpinismo social na moda permitiu às mulheres o chamado *dress for success* ("vestir-se para o sucesso"). Naturalmente, outros estilistas reagiram a esses visuais excessivos. Rei Kawakubo causou uma forte reação negativa no início da década de 1980 com uma coleção para a Comme des Garçons. A estilista apresentou em Paris uma coleção imprevisivelmente vanguardista, toda em preto, que foi chamada pela imprensa de "Hiroshima Chic". Martin Margiela e o grupo que ficou conhecido como Antwerp Six foram inspirados por essa abordagem reacionária do design de moda e seus métodos únicos de desconstrução influenciam a moda ao longo de toda a década de 1990: uma reação direta aos excessos da época.

The Antwerp Six

"Um bando de novíssimos talentos da moda está decidido a colocar a Bélgica no mapa"– *Elle* EUA, 1988.

Os seis estilistas originais que traziam a moda belga à tona eram Dries Van Noten, Ann Demeulemeester, Dirk Bikkembergs, Dirk Van Saene, Walter Van Beirendonck e Marina Yee, graduados na famosa Academia de Belas Artes da Antuérpia. A formação rigorosa de quatro anos, com suas origens na alta-costura parisiense, incentivou os jovens estilistas a olharem para dentro de si mesmos, numa jornada à expressão pessoal. De acordo com a diretora do curso, Linda Loppa, "eles foram todos originais, mas compartilhavam o mesmo perfeccionismo".

Martin Margiela

Contemporâneo do grupo Antwerp Six, Margiela também se formou pela Academia de Belas Artes da Antuérpia. Ele lançou sua marca Maison Martin Margiela em 1988 e, desde então, tem desafiado o mundo da moda com sua abordagem e apresentações conceituais das coleções. Ele é famoso por não dar entrevistas. Até mesmo o uniforme usado em suas lojas é vanguardista – jalecos brancos dão a impressão de que a equipe trabalha em um laboratório *cult*.

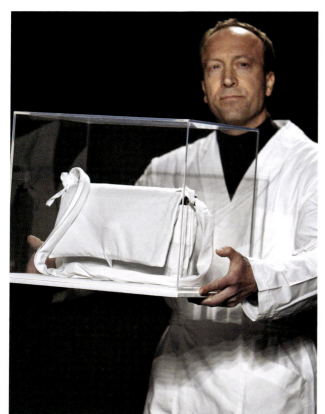

Coleções e suas influências

Influências conceituais

As origens da moda contemporânea conceitual podem ser creditadas aos estilistas japoneses Rei Kawakubo, Yohji Yamamoto e Issey Miyake. Durante décadas, esses estilistas têm produzido o que há de mais intrigante e provocador na moda, criando novas formas de corte e construção. Coleções conceituais são frequentemente bonitas, atemporais e eternas, e não se encaixam na maioria das narrativas visuais. No entanto, elas também podem ter uma identidade excessivamente desafiadora, abstrata ou inflexível, diminuindo sua influência sobre as tendências da moda. Os estilistas Hussein Chalayan, Helmut Lang e Jil Sander são conhecidos por uma estética minimalista e difícil, que deve muito ao rigor e à precisão da arquitetura inovadora e do design minimalista de produto. Normalmente, há pouca ou nenhuma ornamentação para obscurecer a essência das proporções, do corte, do acabamento ou da qualidade dos tecidos utilizados. A beleza está nos componentes básicos e na construção da roupa.

> *"Hussein Chalayan não é apenas um estilista. Seus interesses percorrem várias disciplinas; seu trabalho cruza muitas fronteiras."*
>
> Donna Loveday

2

Hussein Chalayan

Hussein Chalayan cursou arquitetura antes de estudar moda na Central Saint Martins, em Londres. Ele é conhecido por sua abordagem intelectual e por suas coleções conceituais – por exemplo, ele enterrou sua coleção de graduação para ver como ela iria se decompor. As coleções de Chalayan refletem suas explorações em design de produto e engenharia de aeronaves: ele criou um vestido-jumbo que abria suas asas e fez vestidos surgirem e desaparecem usando a tecnologia. Uma de suas coleções mais famosas foi *Afterwards*, do outono/inverno 2000, apresentada em uma sala branca com móveis da década de 1950. As modelos se vestiam com as mantas que cobriam os móveis e uma mesa de madeira se transformava em uma saia. Essa coleção se tornou um manifesto simbólico da estética conceitual de Chalayan.

1 Jil Sander, O/I08. O diretor criativo Raf Simons (com formação em design de tecidos) deu continuidade à estética conceitual da marca. Catwalking.com.

2 Coleção *Afterwards*, de Hussein Chalayan. O/I00. Catwalking.com.

Coleções e suas influências

Forma e função

1 Christopher Bailey para Burberry Prorsum, O/I08. Catwalking.com.

2 Pôster publicitário original dos primeiros uniformes da Burberry.

3–4 A nova estilista Sophie Hulme usa influências militares para criar suas peças esportivas de luxo.

O vestuário funcional, como uniformes militares e roupas para aventura, há muito tempo influencia estilistas. A moda masculina, em particular, continua buscando inspiração em ícones da indumentária militar, uniformes de trabalho e roupas utilitárias, atualizando as referências em termos de cores, tecidos e detalhes.

Roupas militares influenciam a moda em parte devido a considerações ergonômicas e de desempenho relacionadas ao ambiente e às atividades do usuário, bem como por causa de sua aparência geral. Essa consideração atraiu diversos estilistas, como Robert Cary-Williams, cuja experiência anterior no exército influenciou cores e silhuetas em suas primeiras coleções. Elementos específicos, como a camuflagem, criaram uma nova referência de moda, envolvendo recoloração e novos empregos em contextos inesperados. O resultado pode ser simples, como a parka de inspiração militar apresentada por Calvin Klein, usada sobre um terno elegante, com camisa e gravata. Isso exemplifica como diferentes estilistas obtêm inspiração e como criaram marcas de moda influentes e bem-sucedidas.

Muitas vezes, um item de vestuário surge e cria um novo termo de moda. A jaqueta safári, o casaco de equitação, a calça cargo e a jaqueta biker são todos exemplos desse tipo de transição. Eventualmente, uma determinada peça define uma categoria inteira de moda, como o Barbour, um casaco para caça e pesca em algodão encerado que se tornou um ícone de moda por si próprio. Outro exemplo é o trench coat; as empresas britânicas Aquascutum (pioneira na produção de gabardines impermeáveis) e Burberry (que lançou o primeiro trench coat depois de vestir o exército britânico durante a Primeira Guerra Mundial) continuam a produzir essas tradicionais roupas "para mau tempo", mas atualizadas para satisfazer o consumidor de hoje atento às tendências da moda. O trench coat agora é considerado um item básico do guarda-roupa e já serviu de inspiração para casacos, vestidos, roupas de noite e roupas infantis.

Coleções e suas influências

Uniformes de trabalho

A origem desta fonte e estética pode ser atribuída a Levi Strauss, que, no final do século XIX, criou o primeiro macacão de trabalho usando algodão sarjado de Nimes, na França. Esse algodão sarjado – chamado "denim" – desde então tem sido popularizado por quase todos os estilistas famosos e inúmeros fabricantes no mundo. Na música, no cinema, na política, na cultura jovem e na alta moda, o denim é usado como uma base sobre a qual podem ser criados infinitos temas de moda. Os detalhes da construção tradicional do tecido podem ser retrabalhados com possibilidades ilimitadas: ele é atemporal, global e acessível a todos os níveis sociais. Quando perguntado se havia alguma roupa que desejava que tivesse sido criada por ele, Yves Saint Laurent respondeu "o blue jeans".

1

Moda esportiva

No início da década de 1980, a estilista americana Norma Kamali abriu uma empresa celebrando o uso do tradicional moletom como um tecido de moda. A ideia logo se tornou um sucesso, numa época em que exercícios e estilos de vida mais saudáveis começavam a ditar um novo estilo de se vestir. Kamali recentemente revisitou esse tipo de moda colaborando com a Everlast, nos Estados Unidos, para desenvolver uma extensa linha com moletons para as mulheres modernas que cuidam do corpo. Por volta da mesma época, em Londres, dois estilistas britânicos lançaram a marca Bodymap, com um estilo minimalista e descontraído, inspirado na moda esportiva da Califórnia.

O mundo dos esportes tem inspirado uma série de novas peças e tecidos específicos para o desempenho esportivo e de atividades relacionadas. O interesse, o apelo e o apoio internacionais para os esportes modernos se mostraram irresistíveis para estilistas e produtores. As empresas têm sido ágeis em colaborar com diversos designers de moda e de produto para aumentar a percepção que os consumidores têm da roupa esportiva como uma mensagem convincente de moda e estilo de vida. Por exemplo, a marca esportiva Puma já colaborou com estilistas como Alexander McQueen. Fred Perry trabalhou com a Comme des Garçons, atualizando a icônica camisa polo, e a Adidas teve sucesso ao criar a Y3 com Yohji Yamamoto, incluindo um desfile completo dessa fusão de roupa esportiva e moda.

1   Linha jeans de Poppy Dover.

2   Coleção masculina de Peter Perrett, influenciada pela moda esportiva tradicional e por roupas utilitárias clássicas.

2

Coleções e suas influências

Influências futuristas

O estilista americano Geoffrey Beene é considerado um futurista: no final da década de 1990, ele decidiu não mais usar referências históricas, alegando que muitos criadores dependem demais delas, restringindo seu desenvolvimento como estilistas inovadores. Ele foi responsável por redefinir a moda feminina moderna tal como a conhecemos hoje.

Nas décadas de 1950 e 1960, o estilista francês Pierre Cardin, juntamente com seus contemporâneos André Courrèges e Paco Rabanne, criou uma moda futurista, da era espacial, que fazia referências à ficção científica em vez de fontes históricas e tradicionais. A moda futurista pode ser óbvia na sua apresentação (como roupas da "era espacial"), mas, antes de tudo, trata-se de explorar um novo território, dando uma nova direção à moda. Por exemplo, Cardin foi o primeiro *couturier* a lançar uma linha prêt-à-porter e, consequentemente, foi expulso da Chambre Syndicale em Paris. Isso representava o futuro da moda como reflexo das demandas da sociedade. De modo similar, algumas

> *"Sempre odiei a ideia de uma retrospectiva. Não gosto de olhar para trás, só gosto de seguir em frente."*
>
> Geoffrey Beene

1 A estética futurista de Pierre Cardin.

2 A coleção P/V09 de Gareth Pugh teve tanto influências futuristas quanto históricas. Catwalking.com.

3 Viktor & Rolf, O/I08. Catwalking.com.

décadas antes, nos anos 1920, a feminista Coco Chanel foi pioneira ao emancipar as mulheres dos apertados espartilhos do período eduardiano. Os estilistas de hoje não são menos radicais. Aitor Throup, designer de moda masculina, cria suas roupas a partir de elaboradas ilustrações. Seu trabalho é futurista na abordagem: ele desenha suas criações no papel para então convertê-las em uma versão usável. Ao não se concentrar nos detalhes do design, ele fica livre para produzir uma peça final verdadeiramente original. Gareth Pugh tem evoluído e refinado a estética futurista exibida em sua coleção de graduação. Suas peças requintadas combinam silhuetas sólidas e cores fortes, que representam o futuro da moda hoje.

Coleções e suas influências

Influências globais

1   Kenzo, O/I08. Catwalking.com.

2   Dries Van Noten, O/I08. Catwalking.com.

A partir da década de 1960, as viagens internacionais tornaram-se acessíveis para a maior parte do mundo desenvolvido. Isso influenciou enormemente nossos conhecimentos, o modo como decoramos nossas casas, as escolhas da nossa alimentação e a forma como nos vestimos. Desde que Yves Saint Laurent mostrou pela primeira vez a jilaba* marroquina nos anos 1970, estilistas e consumidores de moda perceberam o valor e o poder de atração de roupas, tecidos e acessórios incomuns e exóticos. Os estilistas jogam com justaposições, cores ou referências multiculturais; peças como o kilt escocês, o sári indiano, o cheongsam chinês e o quimono japonês têm sido constantemente recriados em coleções de moda. O folclore e as cerimônias oferecem uma riqueza de informações que podem servir de referência para o design de têxteis – como o tartan, a padronagem ikat, o paisley, estampas e jacquards – bem como joias, calçados e acessórios. Alguns estilistas desenvolveram identidades diferenciadas com base na celebração de referências culturais internacionais para roupas, tecidos, cores e elementos decorativos.

---

*N. de R. T.: Capa islâmica de uso, por vezes, proibitivo para mulheres.

Dois exemplos disso são Kenzo e Dries Van Noten. Kenzo promoveu a narrativa multicultural, colocando estampas florais russas, por exemplo, lado a lado de tartans em cores vivas e de padrões de flocos de neve do tricô norueguês. O controle da forma, da cor e da silhueta é uma marca registrada do trabalho de Kenzo. O estilo Kenzo é claramente identificável, é influente e se mantém inalterável há mais de 25 anos. Dries Van Noten reinterpreta influências étnicas e técnicas tradicionais de tecelagem e tingimento para o guarda-roupa moderno. Seu amor pelo folclore antigo e pela ornamentação é cuidadosamente caracterizado, do uniforme urbano e escuro até as roupas de noite mais coloridas e decoradas, usando imagens e tratamentos inspirados por uma variedade de artesanatos étnicos. Internacionalismo, folclore e etnicismo continuam a inspirar e contribuir para muitas coleções de moda. A análise do trabalho da maioria dos estilistas revela a evidência das influências globais.

Coleções e suas influências

Influências políticas

A moda reflete a sociedade, e os estilistas frequentemente fazem referências a mudanças políticas em suas coleções. As mensagens passadas pelas roupas que vestimos podem ser subversivas ou podem ser uma declaração ousada para gerar uma reação. Katharine Hamnett ficou famosa ao inventar a camiseta com slogan na década de 1980. Estas camisetas – que se tornaram um ícone da moda – eram básicas, brancas e traziam mensagens sociopolíticas, como manifestos antiguerra, em pesadas letras pretas. A intenção da estilista era que seus slogans fossem lidos e copiados por pessoas em todo o mundo. Hoje, Hamnett dedica-se ao problema global da ética no processo de produção de moda. Ela é uma dos estilistas responsáveis pela popularização do algodão orgânico.

Ética e sustentabilidade se tornaram uma das principais pautas políticas na moda desde a virada do milênio. Diversos estilistas lançaram marcas baseadas em princípios éticos e de comércio justo, como People Tree e 123, que publicam manifestos para divulgar suas convicções. Empresas maiores estão sendo influenciadas por organizações emergentes de comércio justo e estão começando a lançar suas próprias linhas éticas.

Coletivamente, estilistas têm uma determinação comum para desafiar as convenções e abrir novos caminhos em resposta aos assuntos atuais. Por exemplo, Alexander McQueen continua a fazer referência a temas como guerra e religião em suas memoráveis coleções. Ele abre caminho para que seu público enfrente certas questões – certa vez, convidou a modelo e atleta paraolímpica Aimee Mullins para desfilar. Jeremy Scott, cuja primeira coleção em Paris era composta por batas hospitalares, também se dispõe a provocar as pessoas com suas coleções, que transmitem uma mensagem, uma ideia ou um pensamento. Stella McCartney acredita que a moda é política todos os dias, e que se trata de "pessoas expressando-se através daquilo que escolhem vestir". Ela é entusiasta dos direitos dos animais e se recusa a incluir peles ou couro em suas coleções. Jean Charles de Castelbajac usa referências políticas, além de suas influências de artes visuais, e as traduz por meio do humor em suas coloridas coleções. Sua coleção de primavera/verão 2009 incluiu uma peça em malha com uma imagem de Barack Obama, o primeiro presidente negro dos Estados Unidos – uma mensagem forte que reflete as mudanças na sociedade americana.

1   Em 1984, Katharine Hamnett vestiu uma camiseta com dizeres políticos para seu famoso encontro com Margaret Tatcher.

2   Vestido Obama, de Jean Charles de Castelbajac, O/I09. Catwalking.com.

66 / **67**

2

Coleções e suas influências

Arquivismo

1   Matthew Williamson para Pucci. Catwalking.com.

2   Emilio Pucci trabalhando em Florença, na Itália, em 1959.

3   Tailleur laranja dos anos 1950, de Balenciaga.

4   Balenciaga, P/V08. Catwalking.com.

No contexto da moda, o arquivismo refere-se a como estilistas analisam coleções anteriores em busca de inspiração. Em particular, a estética original de uma marca consagrada pode ser revisitada décadas mais tarde, com coleções referenciando as mesmas influências de design e detalhes. Por exemplo, o nobre italiano Emilio Pucci fez sucesso em toda a década de 1960 (e novamente durante a de 1980) pelo uso de padrões extravagantes e coloridos tirados de pinturas da Renascença, filigranas, penas, animais, vitrais e azulejos. Ele criou vestidos simples acinturados, *bodysuits*, tops de gola canoa e calças em jérsei de seda. Essas estampas marcantes e icônicas ainda são referência hoje, com diretores criativos como Matthew Williamson atualizando a marca para o consumidor moderno.

Outro exemplo é Nicolas Ghesquière, da Balenciaga, que continuou a reputação de Cristóbal Balenciaga para desafiar a definição de estética a partir de uma combinação de silhueta forte, cor, proporção e tecidos. Sua interpretação da visão original do fundador tem sido aplaudida internacionalmente como uma forma respeitosa de redefinir a moda. Essa é uma prova de que a investigação e o conteúdo intelectual na moda podem ser coloridos e incrivelmente belos.

> "Ele fez experiências estampando sobre veludo ou tecidos atoalhados, tecendo lã com fitas, cânhamo com seda – sempre buscando formas melhores de material com elasticidade. Pucci levou até onde podia, naquela época, a tecnologia têxtil."
>
> Valentine Lawford

3   4

Estilistas como Karl Lagerfeld para Chanel e John Galliano para Christian Dior ainda usam como referência os ícones dessas casas de moda, jogando com dimensões, logos e acessórios. Esses estilistas continuam a atualizar as marcas registradas do passado em roupas glamourosas e impactantes. Existem muitos outros que abordam as coleções dessa forma, como Jean Paul Gaultier para Hermès, Marc Jacobs para Louis Vuitton, Christopher Bailey para Burberry e Marco Zanini para Halston. Essas fontes de moda oscilam em importância e influência de acordo com as tendências e com as constantes mudanças na estética da moda. Muitos estilistas mudam a orientação a cada temporada ou combinam novas fontes e influências para atualizar suas marcas ou estilos. Vale a pena observar como outros estilistas usam referências – isso o ajudará a se inspirar e permitirá que você analise e reflita sobre seus próprios pensamentos, preferências e identidade criativa.

Coleções e suas influências

Entrevista: James New, estilista de moda masculina para Vivienne Westwood

Como você começa suas coleções?

O primeiro passo é definir o tema ou conceito, seja abstrato ou real. Pode ser qualquer coisa que me interesse ou algo que eu gostaria de conhecer ou aprender. Outro ponto a ser considerado é se existe uma mensagem a ser passada para o cliente – pode ser uma mensagem política, um assunto atual ou mesmo teatral ou cômico, de certa forma. Para mim, o humor é muito importante nas roupas. Quero que um homem pareça um cavalheiro, um poeta, um romântico, e que tenha senso de humor. Isso pode ser criado nas roupas.

Quantas coleções você desenvolve?

Desenvolvo duas coleções: a coleção principal, que é vendida internacionalmente e vista nas passarelas de Milão, e a coleção licenciada japonesa, que é vendida apenas para o mercado do Japão.

Você compõe uma cartela de cores? Como?

Cartelas de cores são vitais para uma coleção. É importante, para mim, criar uma atmosfera de cores para cada temporada. Busco cores em toda a parte, de qualquer referência. Prefiro encontrar tecidos e pegar cores de pedaços de pano. Fotografias e imagens de revistas também são muito úteis. Estamos sempre rodeados por belas cores: na cidade e no campo, mesmo quando estamos a caminho do trabalho. Como estilista, você deve absorver o máximo de informações possível, porque elas irão ajudá-lo a encontrar inspiração. Vejo muitas pessoas ocupadas ouvindo seus MP3 players, em vez de apreciar o que está acontecendo em torno delas – para mim, quanto mais você observa e lê, mais ideias você ganha.

Como e onde você compra tecidos?

Os tecidos são adquiridos em Paris e na Itália, nas feiras têxteis. Passamos bastante tempo procurando tecidos em muitas empresas diferentes e, depois de pesquisar as coleções de tecidos, fazemos pedidos de pequenos cortes de todos os tecidos que nos pareçam interessantes naquele momento. Aos poucos, você vai construindo relações com determinadas empresas e percebe que começa a dar preferência a certos fabricantes em detrimento de outros e, portanto, passa a ignorar alguns deles. Especialmente no caso da moda masculina, você sabe quais empresas precisa ver, aquelas que fazem as melhores lãs e belos tecidos de camisaria. Mas, é claro, estou sempre à procura de novas padronagens e estruturas em tecidos – por isso é fundamental saber o que há de novo nas feiras têxteis para que você seja o primeiro a encontrar belos materiais.

Como você desenvolve formas e silhuetas?

As formas são desenvolvidas de várias maneiras. Às vezes, uso uma peça de arquivo, que tenho sorte de ter à disposição dentro dos ateliês Westwood. Isso inclui todas as peças principais de coleções anteriores. O arquivo tem mais de 30 anos, ou seja, está cheio de ideias e formas para serem reinterpretadas. Posso alterá-las e trazê-las para um nível mais contemporâneo e adaptá-las para que sejam roupas totalmente diferentes, alterando detalhes, silhueta e, naturalmente, o tecido. Moldes planos são utilizados para elaborar novas formas e ideias de forma tridimensional. Os protótipos são feitos em calico e, em seguida, são enviados para os modelistas profissionais que usam suas técnicas mais avançadas para desenvolver a peça-piloto e obter a melhor forma. Então, posso ver a peça feita corretamente e alterá-la conforme o meu gosto, se necessário.

Como você cria as peças-piloto e quantas são feitas para cada coleção?

As peças-piloto são feitas na fábrica na Itália para a coleção principal. Às vezes, são produzidas inicialmente até 70 peças-piloto, de modo que cada modelo pode ser visualizado. Para a linha licenciada no Japão, as peças-piloto são feitas em Tóquio – em um número que é cerca de metade do que é feito para as coleções principais.

O que você define como uma coleção?

Uma coleção, para mim, é uma narrativa de roupas que mostra um tema ou espírito por meio de tecidos, silhuetas e formas, com cores e estampas.

Quantas peças são feitas exclusivamente para as passarelas?

Geralmente, de quatro a seis peças são feitas apenas para a passarela; elas são chamadas de *showpieces* e são criadas somente para o aspecto teatral do desfile, mas podem ser especialmente produzidas sob encomenda.

Quantas peças/entradas tem cada coleção? Esse número varia conforme a linha ou a temporada?

Varia muito; há muitas peças e a coleção fica maior a cada temporada, à medida que crescem as vendas. Nas coleções de outono/inverno temos mais casacos e nas coleções de primavera/verão temos muito mais jérseis e camisetas com estampas, como se pode imaginar.

Quantas linhas secundárias tem a coleção principal?

Há uma outra linha, a licença japonesa Man. É uma coleção criada conforme o gosto dos consumidores japoneses, sem perder a imagem e o estilo Vivienne Westwood. Ela também é adaptada ao corpo dos japoneses, com tamanhos criados especialmente para eles. A coleção foi pensada para ser mais comercial do que a coleção principal.

Quantos modelistas você tem e como você comunica seus modelos para eles?
Há um modelista para cada linha, um na Itália e outro no Japão. A comunicação dos modelos é feita por meio de desenhos nas fichas de especificações, medidas e descrições por escrito, para que tudo fique bem claro para eles.

Vocês analisam as coleções dentro do ateliê?
Fazemos análises constantes das coleções dentro do ateliê, enquanto elas continuam a ser desenvolvidas. Fazemos reuniões para colocar a produção a par do processo de criação e também para ajustar o look com o departamento de marketing, a fim de aumentar os lucros a cada temporada. Também conversamos com compradores e com a assessoria de imprensa para obter feedbacks, para que os clientes fiquem satisfeitos e para que possamos conquistar novos clientes no futuro.

Como você apresenta as coleções para seus clientes?
Faço uma apresentação curta com o uso de painéis de criação e peças-piloto. Falo sobre preços, tratamentos de tecidos, estilos e o tecido em si – por exemplo, o peso, a qualidade e a composição dos tecidos.

Como você trabalha com stylists e profissionais de marketing e RP para vender a coleção?
Existe uma relação estreita com o departamento de marketing para certificar-se de que as roupas estão sendo criadas de acordo com o que o consumidor vai querer. Há um bom retorno sobre as vendas, o que permite ver quais são os campeões de vendas e quais são os piores modelos. Assim, podemos tomar boas decisões em relação ao que repetir e ao que não fazer na próxima temporada. Ao falar com a imprensa e com nossos diretores, tenho um retorno sobre comentários dos clientes e a sua opinião sobre o que tornará a coleção mais forte – por exemplo, quais cores, tecidos e modelos estão indo bem. É muito bom para um estilista ouvir os outros membros da equipe, de todos os departamentos, para que peças e coleções melhores possam ser desenvolvidas. Nosso diretor de produto, Andreas Kronthaler, faz o styling para nossas coleções.

1 Vivienne Westwood, coleção masculina O/I09. Catwalking.com.

Coleções e suas influências

Entrevista: Kenneth Mackenzie, estilista e fundador da Six Eight Seven Six

Como você começa suas coleções?

Minhas coleções são pessoais e não amplamente definidas, mas costumam usar temas constantes da Six Eight Seven Six tirados de influências culturais e artísticas. A Six Eight Seven Six está sempre buscando seguir seu próprio caminho e não ser escrava de tendências e alvos arbitrários. Nosso objetivo principal é criar roupas com design, longevidade e qualidade. Esse princípio orientador nos leva a desenvolver um guarda-roupa em evolução, reinterpretando os limites clássicos da moda masculina pela mistura das tecnologias mais recentes em fabricação e tecidos com materiais e técnicas de construção tradicionais comprovados. Buscando inspiração na arte, na música, no idealismo, na arquitetura, no design de produto e na natureza, tentamos desenvolver uma estética que corresponde às nossas vidas e às vidas dos nossos consumidores. "Nós" é um conceito importante na Six Eight Seven Six, porque ao mesmo tempo em que estamos organizados em torno de um núcleo central, somos essencialmente uma colaboração, com um quadro alternado de artistas e convidados. Não estamos exatamente desenvolvendo coleções agora, embora usemos as mesmas influências para pesquisa.

Quantas coleções vocês desenvolviam?

De 1995 a 1998, fizemos duas coleções por ano para primavera/verão e outono/inverno, que vendíamos por atacado para lojas. Começávamos procurando artigos de vestuário, principalmente uniformes de trabalho e militares (como excedentes do exército) em mercados. Nós simplificávamos as roupas e dávamos uma fabricação moderna a elas.

Como vocês compravam seus tecidos?

Nós íamos à Première Vision. Era difícil encontrar tecidos. Estávamos sempre tentando desenvolver novos estilos e mesmo que encontrássemos um tecido cinco anos depois de lança-lo, não nos sentíamos confiantes para repetir um mesmo modelo anos depois. No começo, não queríamos ir embora da Première Vision sem todos os tecidos, mas agora estamos menos preocupados e mais flexíveis em relação ao modo como desenvolvemos as coisas. É um bom aprendizado conhecer seus fabricantes e tecelagens logo no início.

Quantas peças vocês faziam?

Quando íamos à Première Vision, trazíamos conosco uma coleção sob forma linear de 20 a 25 peças. Encontrávamos tecidos que se encaixavam em dois ou três modelos para encomendas mínimas. Às vezes não dava certo porque as fábricas achavam difícil fazer 25 modelos em três tecidos diferentes.

Como vocês desenvolviam formas e silhuetas?

Nossas influências sempre foram semelhantes e ainda são: moda masculina clássica com roupa esportiva vintage. Estávamos produzindo roupas militares com acessórios mais leves, como sapatos com solado tratorado no final da década de 1990. A roupa tornou-se mais inteligente e reagimos fazendo tricôs.

Quando você mudou a forma de desenvolver suas coleções?

Eu tinha dado um tempo fora da minha empresa, desenhei para A Life in NY e mudei meu estilo de vida, comprei uma bicicleta, fui acampar e voltei à empresa em 2005. Desta vez as coleções, em vez de moderadas, eram mais técnicas e essencialmente esportivas. A coleção de 2006/2007 foi baseada em cúpulas geodésicas com tecidos técnicos. As influências foram também arquitetura de pequena escala no Japão com a natureza transitória rastejando pela casa.

Quantos membros tem sua equipe de criação?

Eu faço toda a parte de design. Trabalho com um stylist, Adam Howe, e um fotógrafo, Norbert.

Onde vocês produzem as roupas?

Em fábricas em Portugal e na Escócia. Com as peças-piloto de primavera/verão 2008, recebemos pedidos do mundo todo, então escolhemos alguns modelos existentes e os alteramos para produzir seis modelos. Eles foram produzidos dentro de três a quatro meses. Retiramos os "preenchedores", como os tricôs e as camisetas para usar sob os casacos, e nos concentramos apenas em algumas peças especiais. Estamos focados naquilo que fazemos bem, já que somos uma pequena empresa. Usamos cinco ou seis empresas no Reino Unido e uma em Portugal para nossa produção.

1   Peças da coleção O/I06 da Six Eight Seven Six.

2   Six Eight Seven Six, P/V06.

1

2

Vocês têm colaboradores?
Temos planos de colaborar com empresas tradicionais, como a Cleeve, que fornece para a Jermyn Street. Compramos um tecido vintage de camisaria do Japão na Première Vision, que usaremos com um fabricante britânico tradicional para produzir uma fusão. Existem determinados processos técnicos que as fábricas tradicionais não executam. Também estamos usando produtos acabados do Leste Europeu, particularmente da Eslováquia, e então nós os modificamos. O processo ainda é vertical, do tecido ao corte, ao molde e à roupa. Também colaboramos com a Folk para modelos técnicos, geralmente entre 200 e 300 peças para dois modelos.

Como vocês vendem e promovem suas coleções?
Produzimos um release de imprensa para cada modelo, mostrando a pesquisa, preços, styling e alterações técnicas. Ainda vendemos por atacado, mas agora as lojas pagam adiantado. Temos uma relação pessoal com os clientes e compradores e recebemos feedback instantâneo sobre nossas coleções para os próximos modelos.

James New > Kenneth Mackenzie > Sophie Hulme

Coleções e suas influências

Entrevista: Sophie Hulme, estilista

Como você começa suas coleções?
Pego elementos – coisas antigas que vou juntando e objetos – e os transformo em roupas 3D, para então fazer esboços no papel. Depois, crio peças individuais, em vez de um look completo. Não sigo tendências, mas construo um guarda-roupa de peças-chave que são feitas para durar. A cada temporada, desenvolvo um novo berloque – que, junto com outros, forma um colar de berloques gigante.

Quantas coleções você desenvolve por ano?
Crio em duas temporadas principais, outono/inverno e primavera/verão, que são esteticamente diferentes, com peças que têm a minha marca. Não faço um grande desfile de moda, mas encontro compradores desde o início para mostrar look books. Geralmente eles mesmos compram minhas peças, e foi assim que a minha coleção de graduação foi comprada pela Selfridges.

Quantos membros tem sua equipe?
Na minha primeira temporada, era só eu. Mas, para essa temporada, tenho um modelista *freelance*, um assistente de design para especificações e corte, e alguns estudantes que trabalham como assistentes para ter experiência de trabalho. Tenho um gerente de produção para os pedidos de lojas de departamentos, já que produzo por encomenda e, se o pedido é entregue com um dia de atraso, ele pode ser cancelado.

Como você define uma cartela de cores?
Tenho uma intuição com relação a cor e geralmente tenho uma base de neutros com algumas cores de acento, como cinzas com beringela. Como a prototipagem é limitada, faço amostras de outras combinações especialmente para compradores.

Como e onde você compra seus tecidos?
Vou à Première Vision, em Paris, e seleciono tecidos de estoque de tecelagens e pequenas empresas na Itália, França e Coreia. Compro entre 50 e 100 metros e encomendo as cores. Também visito a Linea Pelle, em Bolonha, para comprar couros.

Você manda fazer seus próprios têxteis?
Eu crio minhas próprias estampas e mando estampá-las em repetição. Também mando paetizar tecidos na Índia.

Como você desenvolve formas e silhuetas?
Começo trabalhando em 3D sobre o manequim e não uso bases de modelagem.

Quantas peças-piloto você produz?
Fiz 25 protótipos para a primeira temporada de outono/inverno e 35 para a primavera/verão, em poucas combinações de cores, já que é caro produzir peças-piloto.

Você tem patrocinadores ou colaboradores?
Trabalho com uma agência de RP chamada Cube, mas não tenho patrocinadores por enquanto. Gostaria de colaborar com outras pessoas para produzir linhas especiais futuramente. Existe uma possibilidade de que eu trabalhe no Japão com artistas e volte a ilustrar, o que nesse momento faço apenas editorialmente.

Quem são seus revendedores?
Participei da Rendez-Vous em Paris na primeira temporada, onde a Selfridges e a b Store de Londres compraram minha coleção. Também terei minha coleção na Convenience Store, em Londres.

1   A coleção de graduação de Sophie teve peças com inspiração militar, como esta parka paetizada.

2   Ilustração de Sophie Hulme.

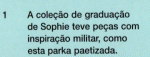

74 / 75

Kenneth Mackenzie > Sophie Hulme > Will Broome

Coleções e suas influências

Entrevista: Will Broome, estilista e ilustrador

Como você começa suas coleções?
Isso varia de uma temporada para outra. Trabalhando com um estilista como Marc Jacobs, posso ser questionado sobre o que eu estou desenvolvendo no momento. Trata-se de um processo orgânico e colaboramos um com o outro através do diálogo. Isso envolve bastante tempo, pois estamos trabalhando em parceria porque eles conhecem e gostam do meu trabalho. Colaboro com a Marc by Marc há seis anos. Para o outono/inverno 2004, criei as estampas de panda e de caveiras para a coleção feminina e camisetas para a masculina. Então a Wedgwood me convidou para desenhar as porcelanas comemorativas de seu 250º aniversário, porque haviam gostado do meu estilo. Eles me deram carta branca para trabalhar como quisesse. Foi uma honra ser chamado por uma marca tradicional como a Wedgwood.

Descreva o seu estilo de ilustração.
Bonitinho mas sombrio: recortes, ingenuidade, principalmente em preto e branco. Eu não uso um computador para gerar o meu trabalho, só para digitalizá-lo. Escolhi trabalhar com a falta de precisão e um retorno à mão livre. Uso papel roubado da fotocopiadora, blocos de papel colorido e canetas de ponta fina Berol (uma vermelha para linhas grossas e uma turquesa para linhas finas). Carrego blocos de rascunho durante o dia e desenho algo novo diariamente. Eu costumava ter problemas na escola, mas agora eu sou um rabiscador profissional!

Como você começou?
Apresentei blocos de desenho A5, que foram utilizados para a passarela, para as roupas, bolsas e adesivos por tudo.

Quantas ilustrações você produz por temporada?
Geralmente 25 desenhos, no máximo, que uso para fazer uma colagem e obter uma nova imagem. Assim que são vendidos, eles se tornam exclusivos para Marc Jacobs.

1–3   Ilustrações de Will Broome.

1

2

Coleções criadas para diferentes mercados

"Mais do que qualquer outro, Christian Dior foi meu mestre e o primeiro a revelar os segredos e mistérios da alta-costura."

Mark Bohan

1   Vestido de alta-costura de Lanvin-Castillo, apresentado no Hotel Savoy, em Londres, em 1º de abril de 1957.

Dentro da indústria global da moda, as coleções são criadas para diversos níveis de mercado. Em cada nível, é importante compreender quem é o cliente-alvo e como as coleções serão apresentadas. Para definir as principais áreas da moda contemporânea, é preciso mencionar os seguintes níveis de mercado: alta-costura e alfaiataria sob medida, prêt-à-porter, grifes de estilistas, marcas de luxo, cadeia de lojas ou mercado de massa, e compras por catálogo.

Este capítulo apresenta cada um desses níveis de mercado, discutindo como as coleções são desenvolvidas e como o processo de design e desenvolvimento difere em cada nível.

Coleções criadas para diferentes mercados

Alta-costura

A alta-costura é o mais alto e mais especializado nível de mercado. Casas consagradas como Chanel, Givenchy, Gaultier, Dior e Lacroix são membros da Chambre Syndicale de la Haute Couture e mostram suas coleções de alta-costura em Paris durante três dias em janeiro e julho. Atualmente, há apenas 12 membros plenos, em comparação aos mais de 100 em 1946. Somente peças de vestuário feitas à mão na França, por membros da Chambre Syndicale de la Haute Couture, podem ser designadas como alta-costura. Mas a Câmara também pode convidar outros estilistas – como Martin Margiela, Valentino e Giorgio Armani – para apresentar suas coleções com os outros membros em Paris. Em 2008, a dupla de estilistas ingleses Boudicca teve a honra de desfilar como convidada durante a Paris Haute Couture Week.

Chambre Syndicale de la Haute Couture
Esta câmara sindical foi iniciativa do primeiro *couturier* inglês de renome, Charles Frederick Worth. As casas de alta-costura membros da Chambre Syndicale de la Haute Couture devem obedecer a critérios rigorosos, incluindo aspectos especializados relativos ao processo de produção e à localização. Todos os processos são controlados dentro do ateliê ou da oficina (que podem, em alguns casos, limitar-se aos artesãos que trabalham em suas próprias casas).

As origens da alta-costura

As origens da alta-costura remontam ao início do século XVII, quando a França era o centro dos têxteis de seda de luxo na Europa. Mulheres da nobreza pagavam a criadores para que produzissem vestidos e acessórios personalizados para ocasiões sociais e da corte. Esses criadores, conhecidos como *couturiers* (do francês "couter", que significa costurar), criavam peças exclusivas para as clientes e incluíam seus nomes em etiquetas costuradas nas roupas.

O ateliê

A tradição é mantida pelos *couturiers* de hoje. Dentro do ateliê, que geralmente é propriedade da *maison*, cada tipo de roupa é criado por uma determinada área. O *flou* é uma área especializada em vestidos e peças feitas por meio de moulage. O *tailleur* concentra-se na alfaiataria para ternos, casacos e blazers.

A costureira-chefe é conhecida como *première* e seus assistentes são aprendizes. As casas de alta-costura são tradicionalmente separadas por funções em *flou* e *tailleur*. No entanto, com mais dinheiro sendo feito em roupas para o dia do que em trajes de noite, os limites estão se dissolvendo. Por exemplo, Karl Lagerfeld, da Chanel, encarrega as costureiras para trabalhar em blazers desestruturados, trazendo mais leveza para a alfaiataria. Os vestidos de alta-costura dependem da artesania dos ateliês, onde o trabalho manual especializado é feito de acordo com as especificações do cliente e do estilista. O ateliê é o laboratório para o desenvolvimento e manutenção de novos tecidos, cortes, bordados, pedrarias e também para o mais alto nível de trabalho manual e acabamento.

A Chanel comprou cinco ateliês, incluindo o Lesage, que é especializado em flores, tranças e penas. Outras casas em Paris, como a Dior, também usam este ateliê (a Dior não conta mais com seus próprios ateliês especializados).

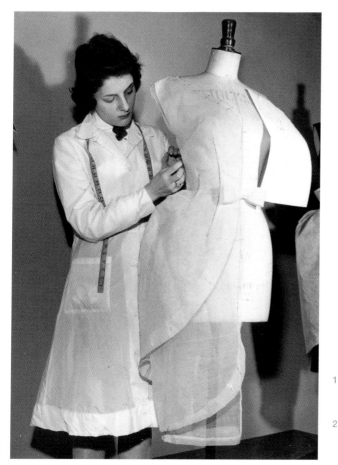

1 John Galliano para Dior alta-costura, O/I09. Catwalking.com.

2 Moulage.

Coleções criadas para diferentes mercados

Desenvolvendo uma coleção de alta-costura

Os estilistas começam as coleções de alta-costura de maneira bem semelhante ao prêt-à-porter. John Galliano, por exemplo, começa sua coleção de alta-costura esboçando desenhos e selecionando tecidos. A cada temporada, a apresentação das coleções de alta-costura oferece a potenciais clientes a oportunidade de ver em primeira mão as possibilidades para o guarda-roupa da próxima estação. Então, o estilista (ou a casa) agenda horários para apresentações privadas e faz seleções individuais. Os clientes compram próximo à estação, assistindo a um desfile em janeiro para a próxima primavera (no hemisfério norte), ao contrário do prêt-à-porter, que mostra a coleção para a temporada seguinte. Isso garante a exclusividade para o cliente, que valoriza a privacidade e o serviço disponíveis somente nesse nível do mercado. Em seguida, após ver a coleção, o cliente marca um horário com a *vendeuse* (vendedora) no salão. Depois de fazer suas escolhas, o cliente deve ter a modelagem adaptada para garantir que as roupas sejam adaptadas especialmente de acordo com suas medidas e proporções do corpo. É feita então uma série de provas, usando toiles em morim. O toile registra o corte, caimento e

acabamento exatos, e também especifica informações para forros, entretelas e detalhes. As provas e seleções do cliente são confidenciais e refletem a natureza exclusiva desse mercado de moda. Clientes regulares podem ter, depois de algum tempo, um formulário pessoal feito para suas medidas exatas.

1   Alta-costura, Chanel P/V08. Catwalking.com.

Ocasiões especiais
A alta-costura destina-se exclusivamente às mulheres, com grande parte das roupas criada para eventos como a cerimônia do Oscar, em Los Angeles, ou o Festival de Cannes, na França. Durante esses eventos, os estilistas montam "ateliês" em suítes de hotéis, para garantir que a cliente possa fazer provas até a chegada do evento.

O futuro da alta-costura

Devido aos custos extremamente elevados associados à produção e à compra de roupas de alta-costura e ao crescimento da popularidade do prêt-à-porter, há cada vez menos clientes aptas ou dispostas a comprar alta-costura. Muitas casas de alta-costura fecharam seus ateliês, embora a marca possa continuar em acessórios ou perfumes. Além disso, mudanças na sociedade implicaram o desaparecimento de muitas formalidades sociais e, portanto, há menos demanda para esse tipo de vestuário. Estima-se que existam aproximadamente 300 mulheres em todo o mundo que podem dar-se ao luxo de comprar alta-costura. Assim, muitos estilistas e casas de moda emprestam vestidos de gala para jovens celebridades a fim de atualizar a imagem da alta-costura. Ao longo dos últimos 20 anos, diversos estilistas expandiram seus negócios para esse nível do mercado, incluindo Versace, como forma de recuar quando o custo e a concorrência se mostraram inviáveis ou desnecessários para desenvolver o negócio principal.

1

Coleções criadas para diferentes mercados

Prêt-à-porter

O prêt-à-porter, ou "pronto para vestir", engloba qualquer coleção que consiste em roupas produzidas em quantidade – diferentemente das peças exclusivas da alta-costura. A alta-costura é uma instituição, é clássica, ao passo que o prêt-à-porter é jovem e sujeito a mudanças e tendências. Uma coleção de prêt-à-porter é criada para uma base mais ampla de clientes e é produzida em tamanhos padronizados. O prêt-à-porter inclui de casas consagradas, que também produzem alta-costura, a estilistas menores e internacionais com marcas independentes.

As origens do prêt-à-porter

O prêt-à-porter nos Estados Unidos

Pode-se dizer que essa forma de produção começou no início do século XX, após a Revolução Industrial e a introdução da máquina de costura. Imigrantes do Leste Europeu com conhecimentos de alfaiataria estabeleceram-se em Nova York e montaram oficinas em cortiços abarrotados para atender à crescente população. Após a Primeira Guerra Mundial, as empresas começaram a visitar mostras em Paris e comprar moldes para copiar para o mercado americano, com roupas cortadas, produzidas e acabadas em Nova York. Ao fim da Segunda Guerra Mundial, esse sistema foi substituído por acordos de licenciamento, que custavam menos do que comprar amostras de alta-costura para copiar.

Na década de 1930, as casas de alta-costura começaram a produzir suas primeiras linhas mais baratas, vendidas nos próprios ateliês. Em seguida, após a Segunda Guerra Mundial, elas fundaram boutiques para atender às necessidades de um mundo em mudança, oferecendo coleções com pronta-entrega, conhecidas como prêt-à-porter. Essas coleções baseavam-se em suas linhas de alta-costura e eram vendidas a preços acessíveis. Até 1950, a moda italiana e a moda americana dependiam da alta-costura de Paris, de onde costureiros altamente qualificados copiavam os modelos. As primeiras formas de licenciamento foram definidas por *couturiers* como Christian Dior, que vendia moldes e toiles em musselina para os Estados Unidos para serem copiados e vendidos em lojas de departamento.

Após a morte de Coco Chanel em 1971, Paris entrou em um período de transição e as casas de alta-costura lutavam contra a produção em massa no Reino Unido. Elas reagiram oferecendo linhas de difusão acessíveis, inspiradas por seus modelos de alta-costura. Até o final da década de 1970, a *maison* Chanel já tinha lançado linhas prêt-à-porter e a Dior lançou a Miss Dior. A alta-costura continuou a influenciar coleções prêt-à-porter dos estilistas, em termos de tecidos, cores, silhuetas e temas.

Muitos aspectos de design e de produtos estavam sendo repensados, e ideias inovadoras em design dispensaram a estética e os materiais comuns naquela época. Nos anos 1970, Yves Saint Laurent lançou a Rive Gauche – prêt-à-porter para homens e mulheres. As coleções da Rive Gauche popularizaram sua abordagem vanguardista de estilo, do luxo e dos consumidores de moda contemporânea. Com base na reputação vanguardista da área à esquerda do rio Sena, em Paris, Saint Laurent criou uma imagem atraente do consumidor moderno em contato com culturas contemporâneas – um viajante global que compreendia a diversidade cultural e criativa e a coragem de questionar as regras. Saint Laurent construiu com êxito um império da moda internacional com base no prêt-à-porter, ao mesmo tempo em que criou conceitos de moda chocantes (para a época), incluindo o conjunto safári e "Le Smoking" – um terno estilo smoking para mulheres. Pode-se afirmar que esses e muitos outros looks de Saint Laurent serviram como modelo básico para o guarda-roupa da mulher moderna.

1   Yves Saint Laurent em frente à sua nova loja na New Bond Street, em Londres, em 1969.

Coleções criadas para diferentes mercados

Marcas de luxo

O mercado de moda atual abrange áreas de produtos que vão muito além de roupas e acessórios pessoais. Estilistas e lojistas criaram marcas para definir um estilo de vida ou uma linguagem de design que é comunicada aos consumidores. Assim como em outros setores, isso cria uma demanda baseada no desejo, em vez da necessidade. No mundo de hoje, há tendências em todos os aspectos da vida e estamos todos, em certa medida, conscientes do que está na moda.

Ao longo dos últimos 20 anos, o mercado prêt-à-porter de luxo expandiu-se para incluir uma enorme variedade de marcas, linhas de difusão, acessórios e outros produtos de grife. Pierre Cardin foi o primeiro estilista a ampliar sua atuação dentro da área da moda e também fora dela. Cardin desenvolveu e colocou sua marca em óculos, perfumes, carros Cadillac, calçados, telefones e até mesmo chocolates. Essa expansão acabou sendo vista como uma democratização da marca e, como resultado, o nome Cardin tornou-se desvalorizado e fora de moda. A Gucci teve o mesmo destino, passando a representar o mau gosto. Mais tarde, a Gucci reavaliou sua tradição e seu status anterior, cancelando diversas licenças e nomeando Tom Ford como diretor de design para remodelar seu prêt-à-porter. Após suas primeiras coleções prêt-à-porter em meados da década de 1990, Ford reposicionou com sucesso a Gucci como líder global. Sua influência foi usada para redesenhar o interior das lojas Gucci, as embalagens de perfumes e as campanhas publicitárias – refinando como um todo a posição da empresa como uma *maison* de luxo. Quando a Yves Saint Laurent foi vendida para o grupo Gucci em 2000, Ford usou a mesma abordagem para revigorar a marca YSL, mais uma vez com grande sucesso. Ele reposicionou a YSL na vanguarda da moda prêt-à-porter moderna.

Atualmente, os estilistas internacionais de prêt-à-porter têm empresas destinadas a diferentes níveis de mercado. Independentemente do nicho de mercado, cada coleção da grife é criada e produzida da mesma maneira. A marca é claramente direcionada a ocasiões ou clientes específicos, ao mesmo tempo em que busca captar a identidade do estilista, seja através do design ou da publicidade. Preços, tecidos e acabamento são todos usados para diferenciar cada linha.

Estilistas internacionais fornecem o conteúdo principal para os desfiles de prêt-à-porter durante as semanas de moda nas capitais da moda – Nova York, Londres, Milão e Paris. Além do calendário oficial desses importantes desfiles, as semanas de moda também acontecem em todo o mundo, em cidades como São Paulo, Melbourne, Xangai, Tóquio, Madri, Roma e Nova Déli. A indústria da moda é internacional em relação ao conhecimento dos consumidores, à demanda, à produção e à promoção, com marcas como Louis Vuitton, Gucci, Prada e Dior sendo reconhecidas, desejadas e disponíveis em todo o mundo.

1 Gucci, O/I95. A primeira coleção de Tom Ford para a Gucci redefiniu a grife de luxo. Catwalking.com.

2 Vestidos futuristas de Pierre Cardin.

Coleções criadas para diferentes mercados

Estilistas contemporâneos

1   Comme des Garçons, P/V08. Catwalking.com.

2   Coleção *Blues* em exposição na Convenience Store, em Londres.

Esse termo é utilizado para designar um grupo de estilistas mais jovens com criações não muito disponíveis no mercado internacional, que são observados pela mídia em busca de influências para tendências futuras e analisados atentamente pelos grandes fabricantes do mercado de massa, na tentativa de alinhar suas mercadorias com os principais looks e tendências das passarelas. Às vezes, o visual de um determinado estilista pode ser alcançado a partir de acessórios-chave ou da reformulação de roupas para criar uma atitude de moda nova ou controversa.

Estilistas contemporâneos apresentam suas coleções duas vezes por ano, como parte da programação oficial das semanas de moda de prêt-à-porter ou paralelamente a este calendário, no chamado *off schedule*. Independentemente dos detalhes da programação, esses desfiles costumam ser extremamente populares, refletindo sua exclusividade e distribuição limitada. Muitas das coleções apresentadas por estilistas menos consolidados ganham destaque na imprensa devido à importância do desfile, seja em termos de design ou direção geral ou, às vezes, simplesmente por causa do impacto causado pelas roupas.

As coleções de estilistas contemporâneos geralmente são vendidas por meio de uma variedade internacional de boutiques especializadas em moda e lojas-conceito, como Dover Street Market, Browns, b Store e The Convenience Store, em Londres; Colette, em Paris; Corso Como, em Milão; e Jeffrey, em Nova York. Esses varejistas independentes especializam-se em selecionar coleções exclusivas de estilistas internacionais juntamente com novas marcas, servindo de vitrine para novos talentos. O objetivo principal de pequenas marcas de estilistas é vender coleções que elas possam produzir, entregar e continuar a fornecer.

Alguns estilistas são *showmen* que lançam coleções para atrair grandes investidores. Alexander McQueen fez isso e ganhou sua primeira posição na alta-costura na Givenchy. Gareth Pugh, que apresentou uma coleção de graduação teatral e exagerada, agora produz coleções requintadas, apoiado por uma empresa italiana, que torna possíveis seus desfiles em Paris.

Coleções criadas para diferentes mercados

Mercado de massa

Em muitas cadeias de lojas ou marcas populares, cada linha ou coleção de moda está programada para chegar às prateleiras em datas determinadas. Conhecidas como *drops*, as minicoleções são divididas em início de temporada e alta temporada. Essa "moda rápida" oferece ao cliente uma experiência de varejo variável, já que novos itens ou temas serão entregues com um intervalo de algumas semanas. A maioria dos varejistas continua a oferecer linhas básicas que evoluem de estação a estação, refletindo um cliente ou tipo de roupa mais conservador. Essas linhas básicas incluem ternos masculinos, peças coordenáveis e acessórios. Peças avulsas de moda íntima ou esportiva também são linhas básicas típicas – e são muito menos influenciadas pelas tendências da alta-moda. Muitos lojistas procuram oferecer novas linhas a cada duas semanas, embora essa estratégia de marketing seja aplicada principalmente por lojas com foco em produtos de moda, como H&M e Topshop. Novas coleções são exibidas na loja assim que chegam. Elas geralmente são divulgadas no site da loja ou na imprensa de moda como novidade ou em tom de "compre antes que acabe".

Marks and Spencer

A empresa britânica Marks and Spencer, assim como outras redes de lojas que surgiram em seguida, não era inovadora no design, mas fornecedora de itens básicos, de forma semelhante à empresa americana Gap durante a década de 1970. Isso começou a mudar quando o diretor de design Brian Godbold contratou Paul Smith como consultor de design. Nos anos 1970 e 1980, o mercado ficou saturado com produtos básicos, o que por sua vez criou a necessidade de um design mais ostensivo. A M&S comprou a marca americana Brooks Brothers na década de 1980, mas não se tornou uma influência na moda até a linha Autograph ser lançada em 2000, o que realmente mudou o perfil da empresa. Estilistas como Betty Jackson, Julien MacDonald e Katharine Hamnett criaram coleções complementares para serem vendidas anonimamente, a preços altos, com a etiqueta Autograph. A Marks and Spencer também foi uma das primeiras redes de lojas a apoiar novas promessas do design de moda, financiando os desfiles New Generation de Hussein Chalayan e Matthew Williamson na London Fashion Week em 1998.

O fornecedor

Apenas poucas cadeias de lojas têm equipes próprias de criação. Elas dependem dos setores de desenvolvimento de produto de seus fornecedores ou fabricantes, que geralmente são especialistas no seu principal produto, como jérseis ou calças sociais masculinas.

Como resultado, o comprador irá basicamente "desenhar" ou compilar a coleção juntando peças de diferentes fornecedores. Cada vez mais, as redes de lojas estão usando fornecedores com fábricas em lugares onde a mão de obra e o material são baratos, como a Ásia, a América do Sul e o Leste Europeu. Os compradores começam com uma cartela de cores básica e painéis de criação para mostrar aos seus fornecedores o tema pretendido para a coleção. Os fornecedores então mostram protótipos e fazem reuniões

semanais com os compradores e lojas. Os estilistas que trabalham para os fornecedores têm a oportunidade de fazer compras em todo o mundo para reunir amostras de roupas.

No Reino Unido, muitas fábricas eram "verticais", ou seja, produziam desde o tecido até a roupa acabada. No entanto, a maioria das tecelagens e fábricas fechou suas portas devido ao aumento dos custos e à crescente concorrência da produção em massa em outros países. Algumas fábricas são contratadas para produzir uma linha de roupas para a coleção completa, mas isso é raro. Uma exceção é a varejista espanhola Zara, que é um produtor vertical. A estrutura comercial da empresa permite a produção tanto de tecidos quanto de vestuário, possibilitando dessa maneira flexibilidade total na produção e estilo. Com suas lojas próprias, a Zara consegue controlar todos os aspectos da cadeia de design, produção e varejo, ao mesmo tempo em que mantém os custos sob controle e as alterações de estoque de acordo com a direção da moda e as vendas. O estoque, portanto, está planejado para oferecer opções de escolha permanentemente, com o consumidor ciente de que os itens podem ser vendidos em poucas semanas. Com o desenvolvimento rápido e popular da moda rápida e barata, muitos consumidores agora estão preocupados com a ética e a sustentabilidade deste nível de mercado. Isto está se refletindo no surgimento no varejo do marketing da "ecomoda" como orgânica, socialmente responsável ou de acordo com os princípios do comércio justo. Essa é uma área complexa e desafiadora para estilistas, fabricantes, varejistas e consumidores. No entanto, como um número crescente de fatores ambientais e sociais está exigindo que reconsideremos como e por que consumimos moda, juntamente a uma crescente responsabilidade inerente às escolhas que fazemos, isso irá mudar, sem dúvida, as futuras decisões tomadas por estilistas e consumidores de moda.

1   Anúncio da Marks and Spencer em uma revista feminina de 1958.

Coleções criadas para diferentes mercados

Desenvolvendo coleções para o mercado de massa

Para empresas com marca corporativa que têm equipes próprias de criação, o processo de desenvolvimento de produto é semelhante ao da alta-moda. A equipe de criação começa a desenvolver uma nova coleção enquanto ainda trabalha na anterior. Os elementos são muitas vezes reutilizados, sejam peças bem-sucedidas de uma coleção anterior ou peças básicas que vendem bem em todas as temporadas. Painéis de referências, ou painéis de inspiração, são montados pela equipe de criação a partir de suas viagens de pesquisa ao redor do mundo. Esses painéis formam uma base importante para o processo de criação, reforçando a visão da equipe para a nova coleção. Informações afixadas nos painéis de inspiração incluem amostras de cor, esboços, fotografias, recortes, textos, ilustrações, amostras de tecido e até mesmo roupas, que podem ser compradas por causa de seu tecido, cor e bordados, que serão usados como referências.

Aproximadamente três meses antes do início do processo de criação, os estilistas têxteis visitam tecelagens para desenvolver amostras de tecido feitas especialmente para eles. Assim que os esboços são produzidos e editados, os protótipos de roupas são feitos: pela primeira vez em um tecido inferior, como algodão cru ou musselina, e depois no tecido de amostra. Durante as próximas semanas são desenvolvidas algumas silhuetas; esse é um processo contínuo durante o qual muitas peças são descartadas em favor de roupas que refletem o estado de espírito da época. E assim começa o processo de edição, em que cerca de 40% dos protótipos originais são apresentados ao cliente ou na passarela. Podem ser feitas até cerca de 150 peças, que representam aproximadamente 50 looks ou entradas na passarela.

Depois que as roupas são apresentadas, são feitos ajustes adicionais na coleção pelo merchandiser, que colabora com o estilista para finalizar o que comprar e em que quantidades para suas lojas de varejo. As diferentes linhas são expostas em grandes grades portáteis, cada uma representando minicoleções ou remessas para as lojas. Esse processo é chamado de "criação de mostruário" e pode representar diferentes temas de cores para diferentes linhas dentro da marca. A criação do mostruário oferece a compradores, merchandisers e estilistas uma visão geral da coleção. O processo de edição deve envolver o refinamento dos looks em linhas compactas, que representam o espírito da coleção como um todo.

1

> **Fichas técnicas**
> As fichas técnicas reúnem os dados necessários para que as fábricas produzam protótipos para as coleções. Elas geralmente contêm especificações e informações sobre medidas, tecidos, acabamentos e forros – basicamente tudo o que é necessário para produzir uma peça na fábrica.

1   Marks and Spencer, coleção feminina de P/V09.

2   Criação de mostruário da Banana Republic.

Prêt-à-porter > Mercado de massa > Compras por catálogo

Coleções criadas para diferentes mercados

Parcerias com estilistas

Muitos varejistas oferecem linhas de estilistas famosos como parte de sua variedade de produtos. Essas coleções são fabricadas a preços muito mais acessíveis do que as coleções principais desses criadores. Em troca da linha criada pelo estilista e da utilização de seu nome, o varejista fica responsável pelo abastecimento, tecidos, produção e divulgação. Esse acordo pode ser vantajoso e rentável para ambas as partes envolvidas.

As coleções são normalmente concebidas como "cápsulas", com peças que podem ser facilmente combinadas em conjuntos ou looks inteiros. Seu apelo e sucesso dependem do preço e do alinhamento criativo com a coleção principal – e mais cara – do estilista. Algumas peças podem ser versões mais baratas de peças da estação atual ou de temporadas anteriores. O processo criativo é exatamente o mesmo do que seria caso a coleção estivesse em um segmento superior de mercado, com custos reduzidos nas escolhas de tecido, no volume de produção e na margem de lucro no varejo. Muitos varejistas já reconheceram o valor e o prestígio de promover um estilista convidado (ou celebridade) para revigorar e ampliar as coleções principais. Essa estratégia cria oportunidades para um novo grupo de clientes e também atrai fãs do estilista. Nos Estados Unidos, a Target foi pioneira na estratégia, convidando uma ampla variedade de estilistas para criar coleções de vestuário, acessórios e artigos para a casa. Isaac Mizrahi, Todd Oldham e Michael Graves ajudaram a Target a criar um perfil distinto e associado ao design entre varejistas dos Estados Unidos. Alexander McQueen foi um dos mais recentes estilistas a juntar-se à equipe da Target, criando coleções exclusivas para a marca. A empresa japonesa Uniqlo também seguiu essa tendência, chamando Jil Sander para prestar consultoria em design.

Parcerias com celebridades

Talvez a parceria mais bem-sucedida dos últimos tempos com uma celebridade tenha sido a colaboração entre Sir Philip Green, proprietário da Topshop, e a modelo Kate Moss. Tendo como inspiração seu próprio guarda-roupa de peças vintage, Kate Moss dirige uma equipe interna de estilistas. Embora não tenha treinamento ou experiência em criação, Kate tornou-se um ícone vivo da moda e tem seu rosto associado a uma grande quantidade de marcas. Seu status e seu perfil servem perfeitamente para muitas das marcas e estilistas que usaram sua imagem para promover e definir seus próprios produtos e coleções. Para Moss, lançar uma linha de moda para a rede de lojas populares mais bem-sucedida da Grã-Bretanha é um negócio inteligente e interessante.

1 Ben de Lisi, Betty Jackson, John Rocha e Jasper Conran são apenas alguns dos estilistas que colaboraram com a loja de departamentos britânica Debenhams.

2 A parceria entre Kate Moss e a Topshop tem sido um sucesso incrível.

Coleções criadas para diferentes mercados

Compras por catálogo

1 www.netaporter.com

2 www.asos.com

3 www.theoutnet.com

4 www.yoox.com

Surgida nos Estados Unidos na década de 1950, a ideia das compras por catálogo era chamar a atenção de uma geração de esposas e mães que ficavam em casa. Um dos primeiros catálogos, da Sears, era extenso e cobria uma enorme gama de produtos e equipamentos para a casa e estilo de vida, incluindo moda. Essa empresa e muitas outras se tornaram parte do *american way of life*; logo depois, a nova forma de fazer compras chegou à Europa.

As linhas de vestuário apresentadas nesses catálogos eram ilustradas ou fotografadas de forma extravagante, muitas vezes em cenários exóticos ou lugares fascinantes. No entanto, embora as coleções fossem sazonais, as roupas eram feitas em larga escala e a qualidade era muitas vezes mediana. As roupas eram criadas para serem vistas apenas de frente; portanto, a silhueta e a parte de trás das peças eram básicas e sem graça. Com o tempo, essa forma de produção de moda e varejo começou a ser vista como antiquada ou voltada às classes populares, até que o empresário George Davies lançou o Next Directory em 1982. O diretório transformou a noção de compras por catálogo. Os clientes precisavam pagar para receber uma cópia do catálogo, que era feito em papel brilhante e incluía amostras reais de tecido juntamente com fotografias e uma fita métrica. Essa experiência interativa, acompanhada por fotografias de moda de Bruce Weber, mostrando modelos que estampavam campanhas em revistas renomadas, transformou a ideia de comprar por catálogo em algo moderno, atualizado e divertido. As coleções eram claramente influenciadas pelas tendências da moda e pelos estilistas influentes da época. Essa foi a primeira empresa de varejo britânica a compreender o conceito de "look completo" para produtos e estilo. Alguns itens podiam ser bastante básicos, mas o visual como um todo e a embalagem criavam o impacto desejado para o consumidor de moda popular. Durante 10 anos, o visual e o formato de comércio estabelecido pela Next teve influência sobre inúmeras lojas e espaços de varejo em todo o Reino Unido.

Varejo online

Hoje, as compras "por catálogo" incluem o varejo online, que oferece aos consumidores de moda, pela Internet, uma enorme variedade de mercadorias em todos os níveis de preço e marcas.

No topo desse mercado está o Net-a-porter, que vende peças das coleções recém-mostradas nas passarelas pelos estilistas. O site foi lançado em 1999 e tem revolucionado a forma como as mulheres compram. Esse sucesso se deve a sua capacidade de comprar rapidamente dos estilistas e oferecer as mercadorias antes mesmo que elas estejam disponíveis em algumas lojas. Quase dois milhões de mulheres acessam o site a cada mês para navegar por 200 marcas líderes do mercado.

Refletindo um cliente mais jovem, a ASOS desenvolveu um negócio de moda online que, como vários outros varejistas eletrônicos, limita a disponibilidade e produz um grande número de coleções ao longo de cada temporada tradicional. As coleções são desenvolvidas e produzidas em diversos países e os estoques são cuidadosamente planejados com base nas vendas anteriores e no tempo de disponibilidade dentro dos prazos de compra tradicionais – o outono/inverno se torna disponível durante o mês de agosto e a primavera/verão entra no ar em janeiro e fevereiro. O conceito original era copiar e vender cópias dos looks de celebridades ou da moda do "tapete vermelho" – ASOS é um acrônimo para *as seen on screen*, ou "como visto na tela". A empresa evoluiu desde então para se tornar uma companhia bem-sucedida com foco na moda, que se esforça para produzir os looks mais recentes da moda a preços competitivos para homens e mulheres.

1

2

3

4

Coleções criadas para diferentes mercados

Entrevista: Ian Garlant, diretor de criação da Hardy Amies

Como você começa as coleções?
Trata-se de um processo ininterrupto; não há um início, meio e fim. É uma coleção que evolui quase diretamente para a próxima. Temos uma coleção de outono/inverno e uma coleção de primavera/verão. A essência é sempre a mesma, mas as cores, o styling e o visual mudam o tempo todo. Trabalhamos de maneira contínua.

Você mostraria sua coleção como parte da semana de alta-costura em Paris?
É improvável, basicamente por causa do custo. Há sempre um desfile privativo aqui, mas houve ocasiões em que desfilamos em outros lugares para instituições de caridade, imprensa e licenciados.

Você ainda mantém uma separação entre os vestidos e a alfaiataria?
Ainda existe uma separação, mas há um ponto de interseção e agora há uma relação maior entre os dois locais de trabalho.

Você tem colaboradores para sapatos e acessórios?
Trabalhamos com Harry Winston para as joias e por muitos anos com Cartier e Tiffany & Co. Freddie Fox costumava fazer os chapéus quando Hardy estava aqui, e também trabalhamos com Philip Treacy em algumas ocasiões. Agora trabalhamos com Stephen Jones para chapéus e Nicholas Kirkwood para sapatos. Jimmy Choo também tem feito alguns sapatos para nossos clientes, ou seja, varia bastante.

Sua clientela está ficando mais jovem?
Sim, mas acho que a maior mudança é o aumento de mulheres profissionais que vêm aqui para seu guarda-roupa de trabalho.

A demanda é menor para roupas de noite e para ocasiões especiais?
Uma coisa não exclui a outra. Algumas podem ser entretenimento corporativo para alguém excessivamente glamouroso. Mulheres profissionais precisam fazer uma apresentação forte e confiante de si mesmas e o vestuário é, naturalmente, a maneira ideal de fazê-lo. Temos algumas mulheres extremamente poderosas profissionalmente que são muito discretas – a última coisa que elas querem é fazer estardalhaço. O que desejam é serviço e privacidade, já que dinheiro não é problema. Elas são muito claras em relação ao que querem; é bem antimoda.

Quantos looks tem um desfile?
Na verdade, esse número varia muito de coleção para coleção. Para *The Golden Age of Couture*, no Museu Victoria & Albert, eram mais de 100. O mais recente teve 30 e poucos, ou seja, depende do tempo e do quanto conseguimos fazer.

Você tem certeza de que aquilo que mostra em um desfile será encomendado?
Quando monto uma coleção, tenho uma ideia bastante clara do que irá vender, daquilo que poderia vender e daquilo que pode ser usado para compor vitrines ou simplesmente para diversão, para gerar outras ideias. Um exemplo nesta temporada é um modelo que não vendemos muito, mas vendemos um monte de outros modelos com o mesmo tecido. Portanto, é provavelmente uma ótima forma de demonstrar o tecido.

As pessoas trazem peças de alguma outra marca ou estilista dizendo que querem algo parecido?
Sim, mas eu não copio outro estilista atual. É melhor que a pessoa procure o próprio estilista para isso. Se a pessoa viu uma foto ou algo especial ou algo que sua avó usava, ou se tem alguma ideia, então tudo bem, sem problemas. É um processo criativo em si, e acho que faz parte de toda a discussão sobre chegar a algo que deixe ambos satisfeitos. Estou fazendo um vestido para uma cliente que é vagamente baseado no estilo da Madame de Pompadour. É um incrível vestido de gala. Ela havia visto uma imagem e disse que gostaria de algo naquele estilo.

Você também trabalha com outros fornecedores, como especialistas em bordados – assim como os ateliês em Paris?
Trabalhamos com a Hand & Lock em Londres e com bordadeiras na Índia.

Quanto tempo dura o processo, desde a primeira reunião até a entrega da roupa pronta?
Pode variar consideravelmente de quatro semanas a um ano. Se você tem um cliente que não vive na Inglaterra e só está disponível para provas quando está aqui, talvez duas vezes por ano, o processo todo levará mais tempo. Muitos clientes vêm de outros países, e o que acontece depois de algum tempo é que cada vez que eles estão no Reino Unido há algo para buscar, algo para ajustar ou algo para discutir.

Você mantém um estoque de tecidos?
Não muito, já que não produzimos tantas roupas. Estamos falando apenas de algumas centenas, não milhares, de unidades. Em uma temporada, podemos produzir até 100 modelos diferentes, incluindo diferentes combinações de cores e modelos especiais da coleção original. Esses são normalmente de comerciantes que nos fornecem baixa metragem de tecido – geralmente de Paris, da Suíça, da Itália e da Espanha.

É muito difícil quando os clientes não querem ser vestidos da mesma forma que outra pessoa?
Sim, há uma ou duas ocasiões, como Ascot, em que preciso ter um pouco de cuidado. Um verdadeiro cliente de alta-costura não considera que o design deva ser necessariamente exclusivo – a questão principal é ter roupas feitas para seu guarda-roupa privado.

1 Hardy Amies, alta-costura, O/I07.

Coleções criadas para diferentes mercados

Entrevista: Jens Laugesen, estilista

O que aconteceu depois que você se formou?
Lulu Kennedy escolheu-me como um dos três recém-formados a desfilar no Fashion East – parte da London Fashion Week. Mostrei uma coleção de 25 looks baseados nos 16 looks da minha coleção de graduação, chamada *Ground Zero*. Também criei coleções para a Topshop dentro no projeto New Generation.

Como você começa suas coleções?
Em vez de ter novas ideias a cada temporada, crio trilogias, que são três coleções sucessivas baseadas no mesmo tema. Dessa forma, não preciso buscar novos temas a cada coleção, mas desenvolver e evoluir a partir do primeiro. Nos anos 1990, os estilistas eram conceituais; agora o processo é conceitual. Aprendi a fazer isso na Central Saint Martins, onde o método que Louise Wilson usa é desconstruir continuamente o processo para entendê-lo e analisá-lo, a fim de reconstruí-lo novamente. Por causa da minha experiência em alta-costura, meu trabalho é cerebral, mas usável, o que é importante.

Como você faz as pesquisas para suas coleções?
As ideias se desenvolvem a partir de objetos encontrados – principalmente de roupas. Eu vou a mercados de pulgas e compro roupas antigas, em vez de recentes.

Quantas trilogias você já fez até agora?
Fiz 12 até agora, começando com a *Ground Zero* da minha coleção de graduação, que era sobre desconstrução e reconstrução. Então veio a *Outsize*, que era uma análise do processo de criação; depois teve a *Future Now to Modernity*; e, por último, *Interior*. Nesta última eu voltei às minhas raízes dinamarquesas e estudei o trabalho de um artista dinamarquês, misturado ao *glam rock* e à alta-costura de Paris.

Quantas coleções você cria por ano?
Uma coleção principal de primavera/verão, uma para o outono/inverno e, às vezes, uma pré-coleção para o mercado norte-americano, já que os compradores querem comprar mais cedo e também para ver o que vai sair na coleção principal. Cerca de 80% dos pedidos são feitos antes do desfile, com 20% sendo confirmados desde o desfile até três meses mais tarde.

Como você escolhe seus tecidos?
Vou à Première Vision e recebo representantes. Uso tecidos da Itália, onde me fornecem 100 metros; por uma taxa extra de 30%, posso comprar metragens curtas de um tecido especial. Compro também de pequenos ateliês em Lyon, na França, e de atacadistas no Reino Unido, como Whaleys, Pongees e Henry Bertrand. Mandei fazer um brocado de seda especial para uma coleção com base em uma roupa vintage que encontrei. Compro lãs tradicionais para alfaiataria, e então as uso de uma forma moderna. Também compro fios na Loro Piana, na Itália, para minhas linhas de tricô.

Como você desenvolve silhuetas e formas?
Analiso a arquitetura das roupas e desenho line-ups de silhuetas que desejo usar naquela temporada. Pesquiso roupas pendurando-as contra uma parede branca e então desenho diretamente sobre os toiles que fiz como réplicas das peças vintage. Faço esboços apenas para os modelistas e lhes dou detalhes técnicos. A sensibilidade no corte e na proporção é importante, assim como entender como as peças vintage foram cortadas ao recriar o original. Interesso-me por vestuário militar da virada do século e camisas vitorianas – peças que são cortadas de acordo com sua função. Então misturo os elementos para criar um híbrido – uma camisa vitoriana com um vestido dos anos 1960, talvez; a reconstrução do passado num contexto moderno.

Quantos modelistas você emprega em seu ateliê?
Tenho de dois a três modelistas trabalhando comigo em cada temporada e também oriento estudantes para trabalhar em toiles.

Como você edita suas coleções?
Olho para o line-up final em toiles e então analiso formas de blazers e comprimentos de calças para detalhes. Olho para a silhueta dessa temporada e fotografo cada toile de frente, de lado e de trás. Tenho que ser objetivo, e depois trabalho com meu stylist para editar a coleção definitiva.

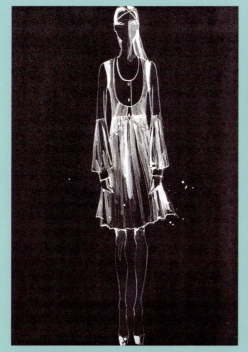
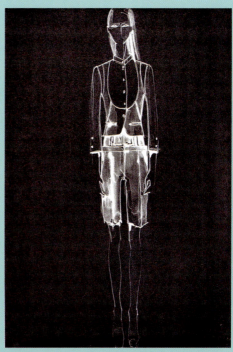

1

1 Ilustrações de Jens Laugesen.

Coleções criadas para diferentes mercados

Entrevista: Ohne Titel, marca de moda

Como vocês começam suas coleções?
Há um senso de intuição, e então desenvolvemos formas e cores. Estamos criando para mulheres profissionais que são inteligentes, confiantes e que gostam de tecidos de alfaiataria. Sabemos o que nós mesmas queremos vestir e isso influencia nossa coleção. Também começamos juntando elementos que nos interessam.

Quantas coleções vocês desenvolvem?
Duas: outono e primavera/verão. Estamos pensando em uma coleção resort no futuro, como uma coleção de peças fáceis entre as duas coleções principais.

Como vocês escolhem os tecidos e definem uma cartela de cores?
Visitamos a Première Vision, em Paris, que é inspiradora e absolutamente necessária. Representantes de fiações também nos visitam. Temos contatos dos nossos trabalhos anteriores como estilistas e nos sentimos confiantes para escolher e combinar cores para as coleções. Discussões e pesquisas resultam em tiras de cores. Também usamos o arquivo do Fashion Institute of Technology em Nova York, uma biblioteca e arquivo de vestuário vintage.

Como vocês desenvolvem formas e silhuetas?
Fazemos draping sobre o manequim e usamos uma modelo de provas no ateliê. Trabalhamos diretamente nos toiles e os fotografamos.

Onde vocês apresentam suas coleções?
Em uma galeria do West Village, com data agendada. Estamos inscritas no Fashion Calendar, que define datas e nos dá uma boa posição no cronograma durante a New York Fashion Week.

Onde vocês vendem suas roupas?
Na Selfridges e na Start, uma boutique em Hoxton, Londres, mas não em Nova York por enquanto. A Selfridges costuma comprar 11 de um modelo e, para os exclusivos, entre 15 e 20 modelos. Como vendemos em pequena quantidade, temos que olhar para cada peça como sendo única.

Quem compra sua coleção?
Madonna já comprou nossas roupas, mas vendemos mesmo para mulheres reais: proprietárias de galerias, políticas e executivas.

Vocês levam em conta a sustentabilidade?
Ainda não, mas não trabalhamos com fábricas que exploram os empregados. Fabricamos na Itália e 90% dos nossos tecidos vêm de lá. Também usamos estampas da China, mas conhecemos as fábricas porque a qualidade é importante.

1

1 Ohne Titel, O/I 08.

Coleções criadas para diferentes mercados

Entrevista: Emily Craig, estilista sênior na DKNY

Como você começa as coleções?
Em uma temporada grande (como outono ou primavera) iniciamos pela Première Vision, em Paris, onde começamos a comprar os tecidos para a estação e vamos formando uma ideia de tema e cores; ao mesmo tempo, fazemos trabalhos de pesquisa de lojas e marcas e fazemos compras de itens vintage. Também temos uma grande biblioteca vintage e de antiguidades, com coisas que vão de trajes vitorianos e uniformes militares até bordados étnicos e jaquetas biker. Isso fica tudo dentro da própria empresa, o que é bastante conveniente. Há também um arquivo Donna Karan que abriga peças de todas as coleções desde a primeira, na década de 1980. Fazemos reuniões com toda a equipe de criação para discutir ideias, compartilhar pensamentos, e muitas vezes temos provas com uma modelo para experimentar ideias de silhuetas e looks.

Quantas coleções você desenvolve?
Criamos quatro coleções por ano: outono, resort, primavera e verão. Dentro de cada coleção, existem três remessas.

Você define uma cartela de cores? Como?
Geralmente, nosso diretor criativo define a cartela de cores, mas todos nós discutimos e oferecemos ideias. Ela frequentemente pode ser baseada em alguma ótima estampa que descobrimos ou em tecidos recém-comprados, roupas vintage ou uma foto.

Como e onde você escolhe tecidos?
Temos um departamento de tecidos aqui, que é responsável pela maioria do abastecimento, mas vamos todos juntos à Première Vision como uma equipe de criação, ou compramos ou desenvolvemos novos tecidos fora da Europa e da Ásia.

Vocês mandam fazer têxteis (tricô, estampas, tecidos e bordados) sob encomenda?
Sim, eventualmente mandamos fazer estampas e têxteis ou compramos amostras de empresas têxteis, mas também temos na empresa um artista têxtil/designer gráfico que cria artes e estampas exclusivas para nós.

Como você desenvolve formas e silhuetas?
Costumo trabalhar principalmente com desenhos, mas também trabalho sobre um manequim, seja com draping ou sobre peças vintage. Temos também um impressionante ateliê/sala de prototipagem dentro da própria empresa (o que hoje é praticamente uma raridade em Nova York) e trabalho diretamente com os modelistas para desenvolver as silhuetas e toiles. Também enviamos especificações e desenvolvimento para Hong Kong.

Onde e como você cria suas primeiras peças-piloto e quantas são feitas para cada coleção?
Para meus modelos, como faço alfaiataria e casacos, a maior parte do desenvolvimento é feita internamente. Algumas das peças mais leves são feitas internamente também. Isto nos dá a oportunidade de continuar desenvolvendo a coleção até o lançamento da linha. A maior parte do desenvolvimento das primeiras peças-piloto é feita em Hong Kong.

O que você define como uma coleção?
Uma coleção concisa e coerente de peças que funcionam em conjunto, como looks, e que também se complementam.

Em média, quantas peças por coleção são feitas apenas para a passarela?
A maioria das peças que vão para a passarela é adotada na linha que vai para nossas lojas, especialmente em Nova York, na Europa e na Ásia. Algumas das peças mais conceituais são usadas apenas para a imprensa.

Quantos looks tem cada coleção? Esse número varia conforme a estação ou linha?
Uma grande temporada tem aproximadamente 300 modelos e 500 peças. Nas temporadas menores, são cerca de 150 modelos e 320 peças.

Quantos modelistas vocês têm e como você comunica seus modelos para eles?
Temos dois modelistas principais que trabalham durante todo o ano no desenvolvimento das coleções. Trabalho com um que é especialista em alfaiataria e casacos e há ainda outro modelista que é especialista em peças femininas mais leves. Há também vários modelistas que trabalham com moldes de produção; eventualmente, eles também ajudam na parte de desenvolvimento. Entrego ao meu modelista um croqui e, às vezes, uma imagem ou uma roupa junto, para ajudar a explicar exatamente o que eu quero. Nós discutimos e ele faz sugestões ou alterações. Em seguida, ele faz um toile para que eu olhe e faça ajustes.

Vocês fazem análises internas das coleções?
Sim, temos reuniões "de edição", que acontecem quando apresentamos a coleção ao presidente, ao vice-presidente executivo e às equipes de merchandising e vendas. Fazemos estas reuniões no início da temporada, quando apresentamos os primeiros protótipos e, depois, com os protótipos finais para aprovação da linha antes de chegar ao mercado.

Como vocês apresentam as coleções para seus clientes?
Temos um grande showroom onde a coleção é exibida em remessas juntamente com alguns looks e acessórios, e quando recebemos os grandes clientes, fazemos pequenas apresentações com modelos para mostrar os principais looks. Nessa fase, no entanto, a equipe de vendas geralmente assume o comando. Organizamos uma grande apresentação com modelos para explicar a coleção para as equipes de vendas e marketing. É aí que entregamos a eles a coleção, e eles ficam responsáveis, juntamente com o presidente e o vice-presidente executivo, pela venda e pelo marketing.

1   DKNY, moda feminina.

Coleções criadas para diferentes mercados

Entrevista: James Spreckley, diretor de moda masculina da Reiss

Como você começa suas coleções?
Debates internos com a equipe conduzem a sessões de brainstorming visual. Visitamos galerias em vários países e usamos cadernos de esboços. Precisamos compreender o espírito do momento e criar um clima visual, criar painéis de conceito para cores, tecidos e aviamentos.

Quantas coleções você desenvolve?
Quatro por temporada para vestuário em *drops* e quatro por temporada para acessórios. Para primavera/verão são dois grupos, e o mesmo para outono/inverno, com alguns *drops* trans-sazonais, dependendo da estação.

Quantos membros tem a equipe de criação?
Dez na equipe de moda masculina, cobrindo malhas, tecidos planos e couro. Há estilistas sênior, estilistas júnior, assistentes, desenvolvedores de produto e um gerente administrativo. A moda masculina é separada da feminina, mas trabalhamos no mesmo andar em estúdios diferentes.

Você define uma cartela de cores? Como?
A partir dos painéis conceituais de criação, há um processo de coloração em laboratório usando tecidos vintage de roupas ou imagens. Olhamos as previsões de tendências apenas como confirmação. Sempre temos uma coleção complementar de cores, que é a cartela de cores básica, e introduzimos novos tons dessas cores. Cada temporada tem um desenvolvimento de cor exclusivo e as amostras vão do laboratório para as fábricas, para prototipagem. Podemos ter entre 45 e 55 variações de tons dentro das cores.

Como e onde você compra tecidos?

Viajamos pelo mundo todo atrás de peças vintage para desenvolvimento e compramos em Nova York e Los Angeles. Usamos a Première Vision e a Moda In, assim como feiras turcas em Londres para denim e tecidos de camisaria e alfaiataria.

Você manda fazer têxteis sob encomenda, como malhas, estampas, tecidos e bordados?

Compramos têxteis e estampas vintage para termos exclusividade no design.

Como você desenvolve formas e silhuetas: modelagem plana, draping ou moulage?

Trabalhamos com moulage e os moldes planos são produzidos por nossa própria equipe interna de modelistas.

Onde e como você cria suas primeiras peças-piloto?

Fazemos nossos primeiros protótipos dentro do ateliê e também em fábricas.

O que você define como uma coleção ou linha?

Uma linha é orientada pela mercadoria, mas uma coleção é apresentada como um olhar criativo. Pode haver linhas dentro de coleções, que são atualizadas conforme os dados de vendas e para alimentar novamente as coleções.

Quantos looks, em média, tem cada coleção?

Para nossos desfiles, temos cinco looks de 30 conjuntos, ou seja, cada coleção tem 300 peças de roupa, com cerca de 125 acessórios e 20 modelos de sapatos. As estações variam, e o tamanho das coleções também.

Quantos modelistas você tem e como você comunica seus modelos para eles?

Temos oito modelistas que trabalham com a equipe de criação de moda masculina. Eles trabalham a partir de croquis e de recortes e há uma apresentação oral feita pelos estilistas. Todo o processo é baseado em trabalho prático e na comunicação. Também temos provas, duas vezes por semana, com um modelo de provas.

Vocês fazem análises internas das coleções?

A equipe de criação faz apresentações para os gerentes de loja, que nos dão seu feedback e analisam a coleção. Não podemos mudar uma linha depois de pronta, mas podemos mudar a forma como ela é promovida nas vitrines.

Como vocês apresentam as coleções para seus clientes?

Apresentando para os gerentes de loja. Eles recebem look books e um guia com orientações para "construção de looks" nas vitrines, para que a identidade da Reiss seja mantida. É importante que os looks sejam exibidos da forma como eles foram pensados desde o início. A comunicação é fundamental em todo o processo, dos painéis de inspiração aos gerentes que necessitam de referências.

1   Reiss, coleção masculina O/I08.

Coleções criadas para diferentes mercados

Entrevista: Simon Kneen, diretor criativo e vice-presidente executivo da Banana Republic

1

2

Como você começa suas coleções?

Começamos buscando inspiração em qualquer lugar – exposições, peças vintage que podemos alugar por uma temporada e compras nas maiores cidades do mundo. Temos que entrar de cabeça, ou não significa nada. O processo deve ser puro e inspirador. Preparamos então os painéis de inspiração; isso inclui fazer amostras de cor a partir de nossa biblioteca de cores e de pedaços de roupas ou tecidos vintage para compor uma cartela, além de esboçar alguns croquis e criar imagens a partir de manequins vestidos com peças vintage.

Quantas coleções vocês desenvolvem, no total?

Produzimos uma a cada trimestre, ou seja, quatro por ano – primavera, verão, outono e inverno, com alguns elementos adicionais, incluindo prévias de moda masculina e feminina. As coleções principais são planejadas conforme o layout das lojas: frente, meio e fundo. A frente da loja é alta-moda masculina e feminina, para causar impacto com o que a marca tem de melhor. O meio é estilo urbano, roupas adequadas ao trabalho e peças básicas, incluindo o núcleo de sarja. O fundo da loja é *weekend chic*, cores vivas, férias, linhas orgânicas. Estas são áreas mais coloridas e mais especializadas de vestuário e acessórios, como roupas de banho no verão e linhas de jeans.

Você tem colaboradores?

Todo o design é feito internamente, mas colaboramos estreitamente com os nossos fornecedores (fabricantes) na execução do design. As franquias incluem o licenciamento de perfumes, produtos de beleza, óculos de sol e bijuterias. Também trabalhamos com a Clarks, no Reino Unido, para calçados masculinos, e com a Camuto, no Brasil, para calçados femininos.

Quantos membros tem sua equipe de criação?

Temos 62 pessoas nas equipes de pesquisa e desenvolvimento. Designers de estampas recolorem estamparia vintage e são muito criativos e imaginativos. Há uma equipe de CAD, uma equipe de pré-produção e uma equipe de criação majoritariamente britânica.

Como você desenvolve silhuetas?

Discutimos os looks em grupo. Usamos modelos da casa para provas de roupas. Ficamos atentos às tendências na Europa, mas como a empresa vai de costa a costa, temos de conhecer nossos clientes. A Banana Republic abrange os Estados Unidos da costa leste à oeste. A sede da GAP fica em São Francisco, onde estão os intermediários e compradores, e os estilistas ficam em Nova York. Nós sempre filtramos a marca antes que as roupas cheguem às lojas para minimizar riscos. Nossa coleção Monogram tem preços mais altos e podemos ousar mais. Um total de 3% da coleção é de alto risco e é vendido em 30 lojas.

Onde você cria suas peças-piloto?

Nós prototipamos em todos os lugares, em todo o mundo. Produzimos especificações para novas formas em fichas técnicas.

A questão da sustentabilidade e da ecologia é importante para vocês?

Não é uma decisão consciente, mas um passo por vez. Nossos fabricantes estão usando menos produtos químicos, o que evoluiu ao longo do tempo. É uma rotina diária para eles, não um artifício. As lavagens de jeans são ecológicas, com a reciclagem da água utilizada.

Quantas lojas vocês têm no total?

Existem 400 lojas nos Estados Unidos e 500 globalmente, ou seja, representamos o mercado de massa, cada loja contendo 750 metros quadrados de mercadoria. Temos também uma loja online para os mesmos produtos. Temos cinco níveis da coleção completa – nível 1 para as grandes lojas e nível 5 para as lojas menores, onde a mercadoria é editada de acordo com o tamanho da loja e sua localização. Quando lançamos uma linha pré-verão para a frente das lojas, a segunda remessa deve fluir a partir desta para passar uma mensagem forte de moda.

1–2   Ilustrações de Simon Kneen usadas nas principais lojas de Nova York e Londres para o lançamento da coleção P/V09.

Coleções criadas para diferentes mercados

Entrevista: Gordon Richardson, diretor de produto da Topman

1

2

Como você começa suas coleções?

Na Topman Design, este é um trabalho conjunto da equipe interna. A equipe trabalha coletivamente em tudo, sempre em torno de um tema. O tema é geralmente uma viagem pela vida de uma personalidade em diferentes fases no tempo. A coleção primavera/verão 2009 baseou-se em dois inovadores: Jean Prouvé, um arquiteto pioneiro na utilização do aço em design de mobiliário; e Graham Obre, que construiu a primeira bicicleta olímpica. A equipe também observa tendências e busca roupas vintage em mercados como o de Pasadena, em Los Angeles, para estilo e proporção.

Quantas coleções você desenvolve?

Duas coleções principais para a Topman Design: outono/inverno e primavera/verão, que são apresentadas na passarela da London Fashion Week. A equipe também desenvolve coleções para a linha Topman, olhando para e frente e consultando os resultados de vendas. Elas vêm com minitendências, que chegam às lojas em dias de pagamento. Essa é uma pequena parte da gama Topman, que é exibida na parte da frente da loja e representa uma área de tendência do produto.

Como e onde você compra tecidos?

Compramos tecidos disponíveis em estoque para pronta-entrega em Hong Kong. Podemos usar tecidos mais antigos ou de fim de estoque se as quantidades forem pequenas; por exemplo, 100 metros de um tecido.

Você manda fazer têxteis sob encomenda?

Se o tema pede tricôs volumosos, um estilista de malharia terceiriza tricô feito à mão com uma empresa. Temos um designer gráfico em nossa própria equipe para estampas.

Como você desenvolve formas e silhuetas?

Usamos os achados de vintage reunidos pela equipe e fotografamos os looks para silhueta e proporção. Misturamos formas: por exemplo, podemos exagerar uma camisa para obter uma aparência forte sob um blazer de alfaiataria ou ter uma calça de jogging e parte de cima ajustadas. O modelista cria novas bases para as silhuetas na sala de modelagem a cada temporada. A nossa equipe de criação se comunica diariamente com o modelista para desenvolver as peças.

3

4

Onde e como você cria suas primeiras peças-piloto?
Enviamos um molde básico, um molde acabado e um toile com especificações para nossos principais fornecedores no Extremo Oriente, que então produzem as peças-piloto. Geralmente prototipamos cinco vezes o que precisamos para o desfile.

O que você define como uma coleção ou linha?
Uma coleção é um ponto de vista focado e editado, e tem um "caráter forte identificável". Uma linha é mais ampla e menos específica, com maior apelo. Uma linha de malharia para uma temporada cruza várias categorias diferentes, como listras, tipos de gola ou forro flanelado. Há um estilista a cada temporada redesenhando e atualizando a linha.

Vocês fazem análises internas da coleção?
Eu superviso o processo desde o início. Alister Mackie trabalha em estreita colaboração comigo e vem quatro vezes por temporada. Ele é o editor de moda de *Another Man* e já foi editor sênior de moda da *Dazed and Confused*, portanto confiamos muito em sua opinião sobre como deve ser o desfile.

Como vocês apresentam a coleção?
Apresentamos na passarela como parte da London Fashion Week, separado da nossa mostra MAN. A mostra MAN é uma vitrine de talentos emergentes do design; quatro estilistas são selecionados e patrocinados pela Topman. Depois produzimos fotos do show para um catálogo para o atacado e um look book para as marcas.

1–4   Topman, coleção P/V09.

> *"Peço apenas que você não se esqueça de brincar."*
>
> Alvar Aalto

Marni, P/V08.
Catwalking.com.

Coleções podem ser criadas dentro de determinadas áreas da moda, como moda infantil, moda esportiva, malharia, bijuterias, calçados e acessórios. A maioria dos estilistas e fabricantes que se especializam em determinadas áreas de produtos de moda cuidam para que suas coleções sejam criadas e desenvolvidas em conformidade com as tendências e direções de moda da estação – ou, que pelo menos, as reconheçam e complementem.

Calçados e acessórios em couro (bolsas, cintos e outros artigos) podem criar fortes influências e tendências. Essas peças às vezes são usadas para dar estilo aos itens de vestuário mais básicos e atualizar um look. Muitas empresas consolidadas dependem das vendas de calçados, bolsas, acessórios e linhas licenciadas para manter seus negócios. Bijuterias também estão disponíveis em todos os níveis do mercado e tornaram-se parte de cada tipo de traje e ocasião. Outras coleções segmentadas, como moda esportiva ou infantil, são criadas ou encomendadas conforme situações e considerações específicas. Este capítulo explora o desenvolvimento das coleções dentro de cada uma dessas áreas especializadas.

Coleções segmentadas

Moda infantil

1   *Protest is a Mission of Passion* ("O protesto é uma missão passional"). Coleção infantil de Laura Harvey.

As tendências nesta área da moda são sutis, mas cores, formas e influências temáticas se combinam para criar um movimento de moda de nicho que muitas vezes reflete o estilo atual de diferentes áreas do design. No entanto, uma abordagem tradicional persiste e os estilistas a seguem. Os processos de criação e desenvolvimento são semelhantes aos de outras áreas de produtos de moda em termos de tecidos, desenvolvimento de cores e formas, prototipagem e produção. O calendário segue o calendário principal da moda. Como na moda feminina ou masculina, cada estilista e varejista tem graduações de tamanho individuais e condições próprias de classificação, que são concebidos e monitorados dentro de cada empresa.

Muitos estilistas internacionais estendem suas coleções de moda feminina ou masculina para crianças e bebês, como Baby Dior, Armani Junior, Moschino Kids e Burberry. É uma área da indústria de moda frequentemente ignorada pelos estudantes ao definirem uma carreira, mas com a maioria dos futuros profissionais concentrando-se em moda feminina ou masculina, existem mais oportunidades de emprego dentro desse mercado específico.

Bebês

O nascimento de uma criança cria uma nova gama de possibilidades de moda. Muitos pais procuram comprar roupas que não irão apenas tornar seu filho o mais atraente possível para amigos e familiares, mas que irão, fundamentalmente, definir o sexo da criança. Não é por acaso que presentes dados antes do nascimento são cuidadosamente neutros, em termos de gênero, nas cores e desenhos. Tons de amarelo, menta e verde-água são todos aceitáveis para meninas e meninos, mas as tradicionais cores com base rosa ou azul serão sempre um fator a ser considerado na criação de roupas para bebês. Evidentemente, há variações sobre esse aspecto de acordo com a região geográfica. Italianos, por exemplo, podem muito bem vestir um menino recém-nascido com roupas que tenham aviamentos ou detalhes em tons de rosa ou coral. Já os japoneses, durante muitos anos, viam o preto e o cáqui como cores apropriadas para roupas de bebês e crianças.

Primeiros passos

Para as crianças que já começaram a caminhar, a maioria das linhas de moda oferece looks completos ou itens de vestuário que incluem jeans, abrigos de moletom, camisas e tops, jaquetas, vestidos, calças e assim por diante. As coleções geralmente fazem referência às tendências da moda adulta, incluindo cores, estampas e tecidos. Muitos looks de moda são reforçados com o uso de gráficos em estampas e motivos, pois esses detalhes podem explicar graficamente o look – muitas vezes com palavras, slogans ou nomes de personagens. A estratégia é comunicar ao comprador. Essa área de mercado é fortemente coberta por merchandising de marcas ou personagens, incluindo personagens populares da televisão, de filmes ou de brinquedos.

Considerações de segurança

É preciso lembrar que esse mercado específico de moda é estritamente controlado por legislações de segurança e saúde, no que diz respeito a composição de tecidos, flamabilidade, toxicidade e segurança dos fechamentos. Os padrões são rigorosamente monitorados e as particularidades do vestuário para bebês são testadas. Além disso, a ergonomia desempenha um papel importante na concepção das roupas. Bebês e crianças pequenas não conseguem se vestir ou desvestir sozinhos, e a logística de pequenas mangas, golas e pernas deve ser fácil de lidar. A análise desse tipo de vestuário ilustra uma variedade de aberturas de pescoço e detalhes de fechamentos, indicando as diferenças de proporção entre uma criança pequena e um adulto.

Coleções segmentadas

Calçados e acessórios

1   Louis Vuitton, P/V08. Catwalking.com.

2   Desenvolvimento de bolsas e sapatos por Natalie Frost.

Coleções de calçados e acessórios, como bolsas de couro, podem ser criadas separadamente ou podem ser encomendadas por um estilista como parte de um look completo. Seria impossível ignorar o recente crescimento e interesse dentro dessa área de moda e sua influência sobre as escolhas dos consumidores.

Origens

Essa área específica da moda tem uma história de tradição, artesania, patronato real e legado que perpassa muitos estilistas e casas de moda. Na Idade Média, artesãos sapateiros faziam calçados e outros artigos de couro fino e macio. Os sapateiros comuns eram especializados no conserto, mas não na fabricação. Corporações de ofícios foram formadas para regularizar e formalizar a atividade dos artesãos e, em 1449, uma dessas corporações, a Worshipful Company of Girdlers, recebeu uma Licença Real na Inglaterra para regulamentar a produção de cintos. Outras associações comerciais foram formadas em torno de determinados produtos de couro, incluindo calçados e luvas. Em Londres, esses grupos comerciais representavam a mais alta qualidade do ofício.

Com o passar do tempo, diversos fabricantes e comerciantes surgiram para estabelecer as origens das marcas de prestígio que influenciam a moda hoje. A Hermès foi fundada em Paris para produzir arreios de cavalo para nobres franceses e, em 1880, já fabricava selas. Ao mesmo tempo, a empresa começou seus negócios no varejo. Em 1914, a Hermès já tinha garantido exclusividade na França no uso do novo fecho zíper em artigos de couro e de vestuário. Ela produziu suas primeiras bolsas em 1922. Sua bolsa mais famosa, criada em 1935, foi batizada em homenagem a Grace Kelly, que logo depois se tornaria a Princesa Grace de Mônaco. A bolsa Kelly continua sendo produzida e tem uma lista de espera de um a três anos.

As marcas internacionais de moda Gucci e Louis Vuitton também começaram com artigos em couro. Fundada em 1921, em Roma, a Gucci começou criando e vendendo artigos finos de couro para clientes abastados. A empresa francesa Louis Vuitton originalmente fabricava baús e malas de viagem de alta qualidade, que continuam sendo produzidos em uma variedade de modelos e acabamentos. A empresa fez uma mudança estratégica com a nomeação de Marc Jacobs como diretor de criação. Uma parceria com o designer Stephen Sprouse, em 2001, transformou o tradicional tecido de base com o monograma LV usando inscrições anárquicas e o nome de Sprouse. Isso entusiasmou de imediato a imprensa de moda e um novo grupo de consumidores de luxo, atraídos pela linha exclusiva de alta qualidade (e de altos preços). A empresa deu continuidade a este modelo bem-sucedido de parcerias, trabalhando com o artista japonês Takashi Murakami para criar duas interpretações distintas da linha com o monograma – "cartoon" e "cerejas". Esses modelos também foram extremamente influentes e muito copiados.

Coleções segmentadas

Calçados

Muitos dos processos utilizados na produção ainda dependem de habilidades artesanais e experiência de muitos anos para atingir os mais altos padrões de qualidade. Os calçados para mercados médio e de massa são produzidos principalmente no Brasil, na China e em Portugal. Calçados feitos na Itália são mais caros e, consequentemente, são encontrados em marcas de maior prestígio. Tênis e calçados esportivos são produzidos principalmente na Tailândia, na China e no Vietnã, onde investimentos significativos criaram uma indústria rentável e de qualidade garantida.

A produção em massa de calçados desapareceu no Reino Unido, principalmente devido aos custos de mão de obra, a mudanças de mercado e à concorrência de outros países. Os calçados representam uma área enorme e popular do mercado de moda para consumidores e produtores. Dessa forma, os materiais e os métodos usados para criar acessórios de couro e calçados são exclusivos para esta área de produto. Duas vezes por ano, a Linea Pelle, em Bolonha, exibe as tendências e as novidades em couro e artigos de couro. Cerca de 1.300 expositores de aproximadamente 45 países participam desta feira comercial.

Os expositores incluem curtumes, designers e fabricantes de acessórios e componentes. Os profissionais visitantes podem encontrar informações sobre tendências e inovações em tecnologia e materiais. Este é o ponto de partida para muitos designers. A próxima etapa é criar as formas para a nova coleção. A fôrma constitui a base do calçado e determina o formato do bico, a altura do calcanhar e as variações do cabedal para cada modelo. Assim como no vestuário, os moldes são cortados e então verificados junto à fôrma. Saltos (especialmente os saltos altos) podem ser moldados ou criados separadamente, já que eles muitas vezes se tornam ornamentos ou detalhes especiais dos sapatos acabados.

Tradicionalmente, as fôrmas eram esculpidas na madeira. No mais alto nível do mercado calçadista, empresas como Ferragamo chegavam a criar fôrmas personalizadas para clientes especiais, feitas de acordo com especificações individuais. Hoje, a rápida tecnologia de protótipos pode criar especificidades exatas para fôrmas; isto é ao mesmo tempo mais rápido e mais barato do que antigamente, ampliando assim as possibilidades do designer para a inovação e a resposta rápida.

Designers de calçados como Christian Louboutin, Manolo Blahnik, Georgina Goodman e Nicholas Kirkwood criam sapatos bonitos e desejáveis. Eles criam coleções especiais em colaboração com estilistas, juntamente com suas próprias linhas. Muitos desses sapatos são produzidos de acordo com normas equivalentes às das roupas de alta costura: eles são caros, colecionáveis e vistos como objetos de desejo por consumidores do mundo todo.

Voltada especificamente aos sapatos finos para homens, a Church's Shoes foi fundada em Northampton, na Inglaterra, em 1873, para produzir artesanalmente sapatos masculinos da mais alta qualidade. A empresa ainda é reconhecida como líder mundial neste mercado calçadista.

> **Cursos especializados**
> No Reino Unido, cursos especializados em calçados e acessórios são oferecidos pela London College of Fashion (Cordwainers) e pela De Montford University, em Leicester.*

* N. de E.: No Brasil, você pode encontrar esses cursos em faculdades como Feevale, no Rio Grande do Sul, Univali, em Santa Catarina, Fasm, em São Paulo, e Senai, no Rio Grande do Sul, Santa Catarina e São Paulo.

Bolsas

O mercado de bolsas é enorme e variado. Da mesma forma que o vestuário de moda, bolsas e acessórios de couro fino são feitos pelo corte de moldes, costurados ou colados para dar forma. As técnicas de tingimento, acabamento e tratamento do couro – como entalhes, brogues, polimentos e revestimento – podem alterar e melhorar a superfície de muitas peles naturais. Costuras, estamparia, bordados e o uso de fechos, detalhes e elementos de reforço (conhecidos como "componentes") permitem infinitas possibilidades de design.

Bolsas e artigos de couro normalmente são desenvolvidos por um designer ou equipe de design de acessórios, e seguem as tendências ditadas pela moda do vestuário – incluindo cores, silhuetas, detalhes ou tratamentos. Cada item é criado da mesma forma como uma peça de roupa: são criados moldes e feitos protótipos para aprovação. No entanto, ao contrário do vestuário, os moldes devem se ajustar às peles; o desperdício pode ser grande, dependendo do tipo de pele e o tamanho dos moldes, levando em conta imperfeições e falhas naturais.

1 Bota criada por Nicholas Kirkwood, O/I08.

2 Desenvolvimento de design de sapatos.

3 Fôrmas de madeira usadas para a confecção de calçados.

Coleções segmentadas

Malharia

Fios

A avançada tecnologia das máquinas de hoje permite que peças de roupa inteiras, sem costuras, sejam produzidas, assim como roupas no fio mais fino em galga fina (uma galga é o número de agulhas por polegada – 16 ou 12 para galga fina). Tradicionalmente, os fios eram feitos de fibras naturais, como lã de carneiro, cashmere, algodão e seda. Fios modernos estão sendo continuamente desenvolvidos e aprimorados: fibras sintéticas, como poliamida, poliéster, microfibra e elastano, são usadas para tecidos de malharia de alto desempenho.

Malhas industriais podem ser produzidas de duas maneiras: teares planas produzem panos de malha retilínea, que serão transformados em vestuário a partir do processo de corte e costura; ou máquinas como *fully-fashion* criam peças com formas já acabadas. A malharia retilínea inclui uma avançada e trabalhosa técnica chamada *intarsia*, onde os fios são colocados no sentido das fileiras da trama para formar desenhos e padrões irregulares e únicos.

A maioria das malhas produzida na indústria da moda é de tecidos de malha por trama; no entanto, na década de 1950, Ottavio e Rosita Missoni desenvolveram, no Norte de Itália, coleções de malharia artesanal com padrões coloridos usando a técnica de malhas por urdume, que é um cruzamento entre o tricô e a tecelagem. Enquanto a Missoni reinava em Milão, outro ícone da malharia, a estilista Sonia Rykiel, consolidava seu nome em Paris. Rykiel era conhecida como a "rainha da malharia" nos Estados Unidos e demonstrou "o que você pode fazer com um pouco de fio". Suas coleções baseavam-se em suéteres inovadores com slogans e listras coloridas (que se tornaram sua marca registrada), referências náuticas clássicas e suéteres "masculinos". Na década de 1970, o estilista escocês Bill Gibb inspirou-se no artesanato tradicional e em culturas étnicas; em parceria com Kaffe Fassett, ele criou algumas das coleções de malharia mais empolgantes da década. Seu uso de cores vibrantes, motivos orgânicos e sobreposições extravagantes influenciou o desenvolvimento da moda em malha. Gibb passou a colaborar com Missoni e afirmou na época que "o que as mulheres querem vestir durante o dia são belas malhas". Na década de 1990, o estilista japonês Issey Miyake utilizou novas tecnologias para criar uma malha circular por urdume, lançando sua icônica coleção A-POC ("a piece of cloth", que significa literalmente "um pedaço de pano"). O novo conceito implicava o próprio cliente cortar o tecido de malha sintético, com impressão computadorizada, produzindo peças tubulares que poderiam ser vestidas de diferentes formas. Esse processo inovador resultou em uma minicoleção que consistia em um vestido, uma saia, roupas de baixo, um chapéu, luvas, meias e uma bolsa, todos cortados de uma única peça de tecido.

As coleções de malharia agora estão fechando um ciclo, com estilistas revisitando técnicas artesanais tradicionais. A estilista Clare Tough, por exemplo, combinou tricô e crochê em sua coleção de graduação na Central Saint Martins. No outro extremo da escala, a estilista Louise Goldin, de Londres, cria malhas futuristas ajustadas ao corpo que se libertam de todas as limitações de conforto do tradicional suéter. Seus vestidos e *bodysuits* complexos, criados pela sobreposição de fios ultrafinos, podem ser considerados o futuro da moda em malha.

1   Louise Goldin, P/V09.
    Catwalking.com.

2   Missoni, O/I08.
    Catwalking.com.

Coleções segmentadas

Bijuteria

Popularizado por Chanel na década de 1920, o uso de bijuterias se tornou um segmento do mercado da moda. Chamadas em inglês de *costume jewelry* ("joias-fantasia"), as peças usadas eram obviamente imitações de joias finas e preciosas; elas eram enormes e utilizadas como ornamentos, não como símbolo de riqueza ou status. Broches, brincos e anéis eram usados em eventos sociais, casamentos e coquetéis, como um acessório de complemento do look. O desenvolvimento de novos materiais na década de 1920, como a baquelite e a lucite, ampliaram as possibilidades de os designers explorarem diferentes formas e acabamentos, além de definirem maneiras mais inovadoras de uso para bijuterias.

Bijuterias de qualidade são, por si próprias, uma expressão de moda. Elas refletem o que é mainstream e os nichos da moda e de seus segmentos, ainda que ultrapassem as estações, tendências e influências que direcionam o processo de criação. Designers de bijuterias podem seguir ou reconhecer as informações de cores e tendências, da mesma forma como no vestuário de moda.

Superfícies, materiais, acabamentos, fechos e cores são considerações permanentes para o designer, assim como a evolução das tendências – como estampas animais, elementos geométricos, fluorescências, alto brilho e temas militares, étnicos ou nostálgicos. Todas essas influências ditam cores e materiais específicos. Uma tendência recorrente em bijuterias é a busca de influências globais, fazendo referência a joias cerimoniais e peças étnicas.

Muitos designers de bijuteria estão começando a desafiar as definições de determinados tipos de peças e os materiais usados para criá-las. Abordagens inovadoras de bijuterias tricotadas ou artesanais e as possibilidades de usar materiais renováveis ou sustentáveis estão começando a desafiar e redefinir conceitos existentes de gosto, estética e produto. Estilistas como Marni, Moschino e Marc Jacobs produzem linhas sazonais de bijuterias para incrementar os desfiles e as linhas de produto. Muitas peças são criadas juntamente com o tema explorado dentro da coleção de vestuário e, portanto, ajudam a reforçar a narrativa ou tendência que está sendo mostrada.

1 Coleção de Giles para a Evoke.
2 Marni, O/I08. Catwalking.com.

2

Coleções segmentadas

Uniformes empresariais

Uniformes empresariais são criados para retratar a imagem de uma empresa, valores de marca e, na maioria dos casos, a identidade da marca. Questões relacionadas com saúde e segurança, usabilidade, durabilidade e cuidados são fatores que determinam a linha de roupas. As considerações também devem levar em conta a grande variedade de usuários – tamanhos, ambientes de trabalho, restrições religiosas e até mesmo as limitações de personalização. Cores, estampas e logotipos são alinhados à marca da empresa com o objetivo de promover uma imagem unificada e profissional.

Bancos, hotéis, restaurantes, varejistas e prestadores de serviço acreditam que os funcionários devem representar a empresa e sua visão, seus valores e sua missão ao lidar com os clientes. Cada vez mais organizações estão agregando valor à experiência do cliente ao contratar estilistas de renome para criar coleções de moda corporativa.

Talvez o maior investimento em uniformes de trabalho fashion, com reconhecimento internacional, seja o adotado por grandes companhias aéreas. Essas roupas levam anos para serem desenvolvidas, selecionadas, alteradas e produzidas. A variedade de peças deve ser adequada para as tarefas exigidas de cada usuário, ao mesmo tempo em que transmite profissionalismo e uma autoridade confiável. Muitas linhas também devem ter um tempo de vida de até 10 anos na moda, o que representa grandes desafios para o estilista.

Muitas companhias aéreas têm interesse em contratar estilistas reconhecidos internacionalmente e, dessa forma, as roupas se tornaram verdadeiros ícones ao longo dos anos. A Braniff International, dos Estados Unidos, ficou famosa ao contratar Emilio Pucci como parte de sua reformulação corporativa no final dos anos 1960. As roupas eram diferentes de tudo que já se havia visto; futuristas e coloridas, elas chegaram o mais próximo da moda que o uniforme empresarial pode chegar. Na década de 1970, a Braniff chamou Halston para vestir suas tripulações de bordo. John Rocha criou roupas para a Virgin Atlantic, Ferré para a Korean Air, Balmain para a Singapura Airlines, YSL para a Qantas, Julien MacDonald para a British Airways, Dior e Calvin Klein para a Scandinavian Airlines, Armani para a Alitalia e Kate Spade para a Song. Famosas por ter as comissárias de bordos mais elegantes, as tripulações da Air France atualmente são vestidas por Christian Lacroix. Ao se associarem a marcas de moda internacionais de prestígio, essas companhias aéreas estão comunicando valores corporativos aos seus clientes, além de enriquecer a experiência de viagem.

1

1   Emilio Pucci criou uniformes futuristas para a companhia aérea Braniff nos anos 1960.

Coleções segmentadas

Entrevista: Mark Eley, da grife Eley Kishimoto

Como você começa suas coleções?
No primeiro dia, sentamos e colocamos as primeiras ideias em um caderno de desenho, todas tiradas de esboços, rabiscos e ilustrações. O início de todo o tema começa com uma palavra, o título ou um rabisco. A pesquisa é montada a partir de livros, revistas, músicas, anotações avulsas e, então, uma pequena história em um caderno torna-se um épico.

Quantas coleções você desenvolve?
Uma linha principal, sazonal para outono/inverno e primavera/verão, incluindo coleções de sapatos, tênis, bolsas, acessórios em couro, bijuterias e óculos de sol. Também desenho uma linha para a Cacharel.

Como você define uma cartela de cores?
Formamos uma cartela ao longo de cada temporada, utilizando Scotdic* como referência de cor para as tecelagens, e compramos tecido nas cores disponíveis em estoque, além de tecido cru para tingir. Combinamos pigmentos para estampas a partir do caderno de esboços. Definimos as tendências e somos voltados a um nicho, ao contrário de grandes empresas corporativas que se baseiam em prognósticos de tendências de cores.

Como você compra tecidos?
Por meio da Première Vision e de representantes conhecidos por tecidos crus para tingimento. Encomendamos comprimentos de tecidos e malhas do Reino Unido, da Itália, da Espanha, do Japão e da China.

O que você define como uma coleção ou uma linha?
Uma coleção é uma quantidade de elementos agrupados aleatoriamente, incluindo peças para a passarela, enquanto uma linha é um número planejado de produtos. Um plano de linha inclui malhas e tecidos, e abrange vestidos, calças, jaquetas e casacos.

Como você desenvolve formas e silhuetas: modelagem plana, draping ou moulage?
Os modelistas traduzem os croquis por meio de uma combinação de modelagem plana e draping. Trabalhando a partir de coleções passadas, usamos várias maneiras de fazer com que desenhos acabados sejam transformados com precisão em roupas. Organizamos o plano de linha metodicamente agrupado por tecido – um top, uma saia, um casaco, usando outras combinações de cores e variando o peso do tecido. Silhuetas podem inspirar estampas e, como todo o desenvolvimento é feito internamente, podemos ser flexíveis. Também podemos criar estampas para uma silhueta em particular.

Onde e como você cria suas primeiras peças-piloto e quantas, aproximadamente, são feitas para cada coleção?
Fazemos todas as peças-pilotos no ateliê usando três dos melhores modelistas e dois costureiros pilotistas.

Como você apresenta as coleções para os clientes?
Com um desfile dentro da London Fashion Week, showrooms em Tóquio, Londres e Paris, e pela Internet, acessível aos nossos admiradores em todo o mundo.

Como você trabalha com stylists e RPs para vender a coleção?
Não utilizamos stylists, que reúnem ideias criativas de outras pessoas e as colocam nas revistas. Este é o nosso mundo, portanto, temos controle sobre o produto e nós mesmos, dentro da empresa, fazemos tudo. O RP conhece a coleção intimamente desde o primeiro desenho até o line-up final.

1

1–2 Ilustrações de Eley Kishimoto.

---
* N. de R. T.: Sistema de identificação de cores têxteis.

126 / **127**

2

Uniformes empresariais > **Mark Eley** > Sibling

Coleções segmentadas

Entrevista: Sibling, marca de malharia masculina

Como vocês começam suas coleções?
Começamos sempre com uma sessão de brainstorming em grupo, discutindo ideias ou temas específicos que nos interessem. Não trabalhamos de acordo com as tendências ou movimentos do mercado – em vez disso, contamos com nossos próprios instintos. Discutimos imagens que juntamos ou roupas que encontramos.

Suas coleções são sazonais?
Muito. Como somos especializados em malharia, é muito importante criar peças que tenham apelo mesmo no verão, o que é um desafio. Tricô é sinônimo de inverno e aquecimento, então produzir roupas que tenham o toque certo para o verão é algo muito específico – a seleção de fios é fundamental para isso.

Como vocês definem uma cartela de cores?
A cor faz parte do nosso brainstorming inicial, que levanta questões e ideias para o desenvolvimento e pesquisa. Isso volta a ser discutido em uma etapa posterior do processo, quando a coleção já tomou forma, para garantir a coesão da linha.

1–6   Peças da coleção P/V09 da Sibling.

Onde vocês compram fios?
Nossos fios vêm de várias partes do mundo: Escócia, Itália e Ásia. Temos boas relações com vários representantes de fios e visitamos a Pitti Filati, uma feira comercial de fios na Itália.

Como vocês desenvolvem formas e silhuetas?
Para nós, é importante questionar as formas e silhuetas tradicionais com o tricô. Isso tem dois resultados muito contrastantes. Um é nossa vontade de criar formas novas e abstratas, contestando aquilo que se espera tanto de uma forma em tricô quanto de uma silhueta de moda masculina. O outro é nossa satisfação em criar reproduções em tricô de clássicos reconhecidos do design, como o trenchcoat, a jaqueta biker de couro, o blazer de marinheiro; elementos de construção que estão corretos até o menor detalhe.

Quantos membros tem a equipe?
Nossa equipe tem um núcleo de seis colaboradores, mas em épocas de pico esse número sobe para aproximadamente 12. Temos pessoas com uma grande variedade de habilidades: especialistas em tricô à mão ou à máquina, modelistas e bordadeiras.

Onde e como vocês criam suas primeiras peças-piloto?
Nosso estúdio é um ateliê de malharia totalmente funcional. Temos uma grande variedade de máquinas industriais que nos permitem criar a maioria de nossas peças-piloto internamente. Isso nos permite fazer muito mais experiências do que a maioria das empresas. Criamos simultaneamente amostras de tricô, fazendo experimentações com pontos e fios, e produzimos toiles para ajuste e proporção. Trabalhar com tricô é muito diferente do que trabalhar com tecido, porque cada roupa ou modelo começa com um fio. Temos que construir nosso tecido do zero para cada peça. Isso cria grandes oportunidades, mas também grandes problemas.

Onde vocês mostram e vendem suas coleções?
Temos um showroom em Paris durante a Menswear Fashion Week, onde convidamos a imprensa e compradores para verem a coleção. Também desfilamos durante a London Fashion Week, dentro da mostra MAN.

Quantos looks vocês têm em cada coleção?
Tentamos restringir a 15 peças. Isso inclui roupas que são exibidas especificamente com o intuito de chamar a atenção da imprensa, não de vender.

Vocês trabalham com stylists e RPs?
Contratamos um stylist e um produtor de moda para cada sessão de fotos que produzimos. É importante levar em consideração a visão artística e as opiniões de outros profissionais sempre que apresentamos nosso trabalho. Nosso núcleo de RP funciona dentro da empresa. Isso é fundamental, pois nos deixa protegidos em relação a quem permitimos usar nosso produto e em que condições. É uma estratégia necessária para manter a nossa identidade clara e coerente.

Vocês levam em conta questões de sustentabilidade quando produzem suas coleções?
Essa é uma preocupação nossa, e optamos sempre por uma opção mais sustentável quando temos escolha. Somos ativamente conscientes em relação ao tratamento ético das pessoas e da mão de obra.

Coleções segmentadas

Entrevista: Katie Greenyer, diretora criativa da Red or Dead

Como você pesquisa?

Começamos por uma intuição em relação às tendências que têm aparecido nas passarelas e aos looks que os melhores stylists têm montado. Observamos dados sobre vendas e vemos quais modelos estão indo bem. Olhamos os prognósticos de tendências, como thefuturelaboratory, mas geralmente nossa intuição está correta. Vemos os relatórios do WGSN (bureau de tendências de moda e estilo) para ver se há alguma coisa que ainda não vimos e também para ver o que outras marcas podem fazer.

Visitamos galerias e mercados de pulgas em todo o Reino Unido, na Europa, na Rússia ou na China – qualquer lugar que você possa imaginar, se ele for importante para nossas tendências, tentaremos ir até lá para termos, nós mesmos, a experiência. Pesquisamos vendo filmes, exposições, visitando bibliotecas e galerias. Todos nós temos câmeras e fazemos painéis de criação toda semana usando o que temos visto e feito. Depois mostramos esses painéis para todas as equipes de produto. Somos, na verdade, nosso próprio bureau de tendências. Temos também uma coleção de arquivos de produtos, croquis, modelos, que consultamos com bastante regularidade. Temos problemas para armazenar tudo, portanto, costumamos fotografar todos os elementos antes de levá-los para um depósito. Nossos painéis de inspiração incluem tecidos, detalhes e qualquer coisa que possamos recortar e colar para usar como referência.

1

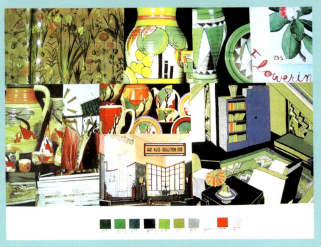

2

Quantos membros tem sua equipe de criação?

A equipe de criação Red or Dead é pequena, mas com todos os nossos parceiros de licenciamento nos tornamos maiores. Trabalhamos juntos, com dias de inspiração para que todos fiquem por dentro dos mesmos temas e intuições. É ótimo nos reunirmos e conhecermos o produto de cada categoria diferente.

Onde vocês produzem suas peças-piloto?
No Extremo Oriente, na Índia e na Europa.

Como vocês definem cartelas de cores?
A partir da nossa inspiração e de painéis de tendências. Usamos referências Pantone e cortes de tecido para tingimento. Geralmente fazemos quatro painéis de criação: cor, forma, estampa e gráficos.

Como vocês apresentam as coleções?
Fazemos uma apresentação de toda a linha e produzimos um guia de tendências para inspiração, cor e embalagem para a equipe de vendas. Nossas coleções são apresentadas na Bread & Butter, em Barcelona, Basel Watch Fair, na Suíça, Mido, em Milão, e na Pure London.

Como e onde vocês compram tecidos?
Você tem que seguir as tendências e dizer às fábricas o que você está procurando, e então elas enviam amostras para seleção. Do mesmo modo, a equipe de criação visita mercados e feiras têxteis em busca de tecidos apropriados.

Vocês mandam fazer têxteis (tricôs, estampas, bordados ou tecidos)?
Não, isso costuma ser feito internamente.

Como vocês desenvolvem silhuetas?
Pesquisamos as tendências para a temporada seguinte observando o que é mostrado nas passarelas e o que é usado nas ruas. Depois, é uma questão de criar silhuetas e torná-las novas e modernas de acordo com as tendências, com um toque de Red or Dead.

O que você define como uma coleção ou uma linha?
Uma coleção é um conjunto de roupas que abrange todas as áreas de produto, para que o consumidor possa se vestir dos pés à cabeça com Red or Dead.

Quantos looks tem cada coleção?
Trabalhamos conforme um calendário progressivo que divide a coleção em minicoleções. Geralmente há de três a quatro fases com inserções de coleções complementares ao longo de toda a temporada, para adicionar novidades. Cada linha é dividida em moda casual para o dia, básicos e roupas de noite.

Quantas pessoas trabalham em cada coleção?
É uma mistura de estilistas, desenvolvedores de produtos e merchandisers, estendendo-se aos compradores e às fábricas, e cada um deles desempenha um papel importante.

Quantos modelistas tem a equipe?
Nenhum internamente, mas os desenvolvedores de produto desenvolvem as especificações; depois eles trabalham com as fábricas necessárias para produzir os moldes e as peças. Cada fábrica é especializada em determinados produtos e moldes.

Vocês fazem análises internas das coleções?
Sim, na fase de prototipagem para garantir que o produto dê certo e seja comercial, funcione como uma coleção e tenha a cara da Red or Dead.

Vocês trabalham com equipes de RP?
Trabalhamos com uma agência de RP. Eles trabalham com todos os nossos produtos e temos lançamentos e encontros com a imprensa regularmente. Assim, eles são capazes de compreender a nossa marca e nós somos capazes de atender às necessidades da imprensa com apenas um telefonema.

1–2 Painéis de inspiração da Red or Dead mostrando uma grande variedade de pesquisa.

Coleções segmentadas

Entrevista: Holly Berry, estilista

Como você começa suas coleções?
Mantenho várias pesquisas visuais em andamento ao mesmo tempo, a partir de coisas que encontrei na fábrica, na rua e em mercados: fotos, roupas de arquivo, obras de arte e têxteis. A pesquisa mais bem desenvolvida, ou mais de acordo com a época, torna-se o fundamento da próxima coleção. Para sustentar essa pesquisa, antes de começar o desenvolvimento de produto, eu analiso o mercado, olhando para a indústria, o que os nossos concorrentes estão fazendo, movimentos culturais, mudanças no estilo e a cultura pop underground.

Quantas coleções você desenvolve?
Uma coleção trans-sazonal completa por ano, precedida e seguida por coleções menores de amostra e peças especiais de edição limitada para desenvolver looks. Acho que é uma abordagem mais sustentável de moda e se adapta ao clima sem estações muito definidas da Grã-Bretanha. Isso me permite produzir peças que não são ditadas por modinhas e tendências e funciona como uma reação à atual cultura de consumo fast-fashion.

Você define uma cartela de cores?
Exceto por algumas injeções esporádicas de cor, mantenho o mínimo de cores nas coleções. Por causa do conteúdo não descartável do produto, é melhor usar preto, marinho, branco e cinza, que trazem uma uniformidade para as peças. A cor é ressaltada com estampas vintage, tartans e xadrez-lenhador.

1–2 Ilustrações de Holly Berry.

Como e onde você compra tecidos?
Da indústria de reciclagem de têxteis LMB e também remexendo, coletando, separando, cortando e armazenando.

Como você desenvolve formas e silhuetas: modelagem plana, draping ou moulage?
Por meio da experimentação (cortando, sobrepondo, torcendo etc.) com formas clássicas, invertendo-as em algo instantaneamente reconhecível, porém novo.

Onde e como você cria suas primeiras peças-piloto?
Elas são feitas no próprio ateliê por mim, pelas costureiras e pilotistas – quantas vezes forem necessárias para chegar à peça perfeita.

O que você define como uma coleção ou uma linha?
Um grupo de roupas tiradas de uma mesma fonte de inspiração para construir um guarda-roupa inteligente de peças (entre 15 e 20, aproximadamente). Essas peças podem ser vestidas juntas em vários looks intercambiáveis, mas cada uma deve se sustentar independentemente com a mesma intensidade.

Em média, quantos looks são feitos apenas para a passarela?
Duas ou três peças são feitas unicamente para o desfile: inspiração pura e bruta e criatividade não usável!

Quantas entradas tem cada coleção?
Cerca de 15 a 20. Crio uma coleção equilibrada – por exemplo, não apenas tops ou partes de baixo – e então preencho eventuais lacunas óbvias.

Quantos modelistas você tem e como você comunica suas ideias para eles?
Uma, Kara Messina. Trabalhamos em estreita colaboração e usamos desenhos técnicos e esboços de croquis.

Vocês fazem análises internas das coleções?
Sim, em todos os níveis da empresa; e também externamente, com grupos de relações públicas focados na imprensa, usando a agência Cube PR.

Como você apresenta as coleções para o cliente?
Desfile, showroom e look book.

Coleções segmentadas

Entrevista: Bill Amberg, designer de bolsas

Como você começa suas coleções?
Olho para o melhor do ano anterior e para a linha inteira de produtos e identifico os papéis. Depois, jogo tudo pela janela e começo a ter ideias. A partir da minha inspiração, escolho um conceito, observo detalhes e também as silhuetas definidas na temporada anterior. A coleção evolui e, em geral, apenas 20% são novos produtos.

Quantas coleções você desenvolve?
Faço duas coleções sazonais e *drops* de meia-estação.

Quantos membros tem a equipe de criação?
Três, no total. A direção de produto abrange três áreas que cuidam da marca: contratos arquiteturais, corporativos e de atacado.

Você define uma cartela de cores?
Sim, eu faço painéis de inspiração, mas as cores são influenciadas pelos curtumes, que têm suas próprias cartelas de cor. Temos também algumas amostras de cor especiais feitas a cada temporada.

Como e onde você compra materiais?
Usamos cinco diferentes curtumes no Reino Unido e na Europa e desenvolvemos materiais com nossos fornecedores preferidos. O couro é o material predominante, juntamente com três fibras principais: lona pesada, denim e tecidos especializados, como tweed. Compramos esses materiais de nossos principais fornecedores, incluindo um fornecedor de gorgurões.

Como você desenvolve formas?
Utilizamos quatro princípios ao desenhar bolsas: primeiro a silhueta, que você pode ver através da janela; em seguida, o material para o tato; depois, detalhes e, finalmente, preço. Funcionalidade interior é também um requisito. Por exemplo, uma mala masculina precisa ter espaço para um terno ou uma camisa dobrada ou o comprimento de um sapato. Usamos moldes planos para dar forma e draping para bolsas ergonômicas, que podem ser moldadas ao corpo. Temos nossa própria oficina em Londres para prototipar novos conceitos e usamos nossa fábrica para desenvolver protótipos a partir de formas existentes.

O que você define como uma coleção ou linha?
Cada coleção tem linhas, num total de seis. Cada linha tem de três a cinco peças e três linhas incluem pequenos artigos em couro. Nossas três principais linhas (*Classics*, *Signature* e *Selvedge*) têm uma linha de artigos pequenos em couro.

Quantas pessoas trabalham na produção?
Um total de oito pessoas em nossa oficina, e temos dois veteranos e iniciantes.

Como vocês vendem suas coleções?
Com horário marcado, no showroom do Reino Unido durante a London Fashion Week. Também participamos de feiras de acessórios – a Première Classe, em Paris, e a Pitti Filati, em Florença.

1–3 Desenhos de Bill Amberg.

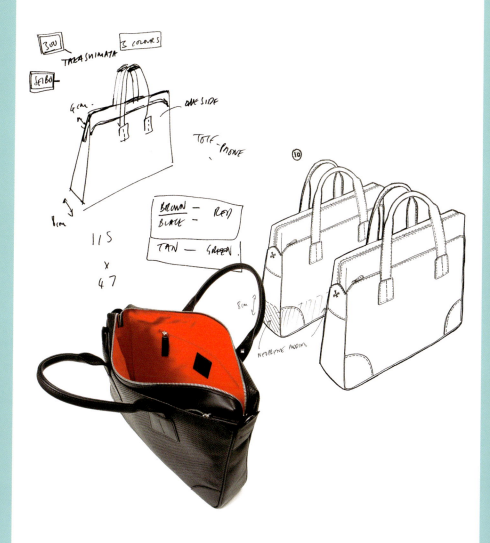

Coleções segmentadas

Entrevista: Nicholas Kirkwood, designer de calçados

Como você começa suas coleções?

Assim que termina a produção, deixo duas semanas livres, depois compro um bloco de papel e, com um lápis 2D, vou desenhando ideias básicas para a próxima coleção. Minha estética é a marca: arquitetônica, feminina, masculina, extrema e sempre com saltos altos. Divido os 17 estilos em quatro seções, de acordo com minhas clientes: Líder; Seguidora; Requintada e Intelectual.

Qual é o processo que vem em seguida aos desenhos?

Desenho sobre a fôrma de protótipo moldada a vácuo para fazer o primeiro molde (em vez de usar fita adesiva sobre as fôrmas, que é a maneira tradicional) e entrego isso para um modelista na Itália. Meus sapatos são de alta qualidade e feitos artesanalmente, não gerados por computador.

Você acompanha o trabalho de outros designers de sapatos?

Apenas para ter certeza de que não estou fazendo os mesmos modelos. Minhas criações são, geralmente, uma nova interpretação sobre alguns estilos.

Quantas coleções você faz por ano?

Duas coleções principais: uma para primavera/verão e outra para outono/inverno. Eu apresento as coleções no meu ateliê durante a London Fashion Week, em setembro e fevereiro, e também em Paris, Milão e Nova York. Em Milão, as datas coincidem com a Micam, uma feira comercial, e convido a imprensa para um hotel na cidade.

Quantos membros tem sua equipe de criação?

Só eu! Christopher, que trabalha comigo, cuida de toda a parte de vendas, marketing, produção e fornecedores. Ele faz o planejamento das linhas e cuida da comercialização, e é responsável pelas cerca de 30 amostras que eu produzo em diferentes variações dentro dos 17 modelos da coleção.

Você produz uma cartela de cores para cada temporada?

Visito a feira de couros Linea Pelle, em Bolonha, no final do mês de outubro, para ver as variedades de couro tingido. É importante ter um equilíbrio de cores na linha – por exemplo, na última temporada, fiz sapatos pretos com saltos em azul elétrico. Eu normalmente escolho quatro ou cinco cores que ficam bem juntas. Também posso tingir pequenas quantidades para cores especiais.

Como e onde você compra materiais?

Eu uso principalmente couro e camurça e também uso cetim, que é dublado com um tecido de reforço especial para sapatos, tudo vindo da Itália. Sapatos vintage são geralmente em pelica, mas não uso pelica em coleções, pois gosto de usar couros com um visual mais novo e peles especiais, como jacaré.

Você encomenda bordados ou outros elementos decorativos?

Já trabalhei com a Swarovski para suavizar a rigidez das linhas angulares e arquitetônicas. Esse tipo de aplicação confere delicadeza ao sapato.

Como você trabalha as formas?

Assim que tenho o molde de papel inicial feito a partir do meu desenho, passo a refiná-lo e alterá-lo, talvez adicionando plissados ou acrescentando um salto plataforma. Um protótipo de sapato pode ser feito em dois dias a partir de uma nova fôrma e molde de salto. Para um novo salto, mando fazer um molde de alumínio em dois números: 35 e 41. Para a produção, existem quatro números de saltos: 36, 37,5, 39 e 40,5. Os protótipos são únicos e meus sapatos têm partes ocultas para firmar o pé, disfarçadas por uma parte exterior mais extravagante – semelhante à construção na arquitetura.

Você colabora com outros designers ou empresas?

Crio sapatos para a Pellini, que também tem Jonathan Saunders como designer, e para Alberta Ferretti na Itália, assim como para minha linha principal. Também já fiz sapatos para Hardy Amies, Chloe, Boudicca, Gareth Pugh, Clare Tough, Basso & Brooke e Zac Posen.

Você tem uma empresa de RP trabalhando para você?

Sim, trabalho com a Relative PR, que também representa Christopher Kane em Londres.

136 / **137**

1

1   Sandália com recortes no cabedal, Nicholas Kirkwood, O/I08.

Bill Amberg > **Nicholas Kirkwood**

> *"Um desejo que está se tornando mais forte do que qualquer outro é o desejo que deve ser único."*
>
> John Galliano

1   Desfile de alunos da London College of Fashion; uma coleção em chiffon e lycra pastéis de Fiona Broni.

Fazer um curso de moda permite desenvolver a imaginação, melhorar a percepção profissional e responder a uma série de desafios.

Os primeiros projetos concentram-se na aprendizagem e aplicação de habilidades criativas, práticas e contextuais dentro de projetos de moda com briefings definidos. Esses briefings podem incluir o design e a produção de ideias bi- e tridimensionais, individualmente ou em grupo. Por exemplo, você pode ter de obedecer aos parâmetros de uma marca, estação, cliente, tipo de tecido ou tema, ou talvez precise considerar fatores adicionais, como trabalhar com especialistas em malharia ou estampas, como parte de seu estudo.

Atividades a seguir servem como um guia para as principais fases do processo de criação e realização de sua coleção final. Prepare-se para revisar e analisar o processo entre cada fase, pois talvez você precise alterar algum elemento de pesquisa ou desenvolvimento inicial ao pensar o seu progresso levando em conta a apresentação final. Não existem limites claros para o final de cada fase; mesmo na apresentação final, há elementos que poderiam ser redesenvolvidos ou refinados. Isso é sintomático da moda, onde a criatividade não se trata apenas de resolver problemas, mas de produzir uma proposta ou um conceito que deve intrigar ou envolver o espectador. As coleções de estudantes mais bem-sucedidas contam uma história – elas incorporam uma narrativa cativante. A coleção deve comunicar isso sem a pesquisa visual ou explicação escrita. Este capítulo orienta o desenvolvimento da sua coleção final.

A coleção final

A coleção final

O briefing

1 Desenvolvimento de roupas por Laura Thompson.

2 *On Being an Angel*, coleção de Francesca Sloan inspirada na fotógrafa Francesca Woodman, em contraste com a cantora Patti Smith.

O briefing também pode ser chamado de briefing final, proposta, delimitação ou definição de conceito. Independentemente do seu nome, a atividade e o processo são os mesmos. Comece perguntando-se o que irá mostrar suas habilidades e criatividade da melhor forma. Alguns estudantes veem essa fase da sua coleção final com ideias vagas ou irrealistas, pensando em fazer sua maior asserção pessoal na passarela. Sem reflexão, pesquisa e muito trabalho, isso não irá funcionar. A criatividade na moda existe dentro de um contexto – e para a coleção final da faculdade, você cria seu próprio contexto, dentro de seu briefing. Nas páginas seguintes, discutiremos as considerações que devem orientar seu briefing e sua coleção.

Suas habilidades

Você deve pensar muito sobre seus pontos fortes. Por exemplo, suas habilidades são em modelagem e confecção de roupas? Você usa bem as cores? Talvez você seja realmente bom na composição de materiais de pesquisa para produzir uma conclusão segura e bem-acabada. A maioria dos empregadores procura profissionais diplomados que demonstrem uma compreensão de todas as fases do design. A apresentação de sua coleção é importante, mas seu portfólio, sua apresentação pessoal e a profundidade do seu conhecimento irão garantir seu primeiro emprego – e os próximos. Você deve decidir o que essa coleção vai dizer sobre seus interesses e a sua percepção da moda.

A coleção final

Seu cliente

Pense em definir seu cliente ideal. Ao imaginar um cliente, você pode criar sua própria "musa" ou inspiração. Onde vive seu cliente e o que ele (ou ela) tem em seu guarda-roupa? Onde seus clientes compram e como eles usam a moda para definir a si próprios? Visite lojas que poderiam ser revendedores para sua coleção e observe a mercadoria disponível. Preste atenção nos preços e no acabamento das roupas e informe-se sobre as realidades do mercado, merchandising visual e como moda é comunicada por meio de identidade criativa e de marca. Como as roupas conectam-se aos clientes no ponto de venda? Quando compramos moda, que histórias estamos contando sobre nós mesmos?

1

Seus concorrentes

Seus concorrentes existem em todas as áreas de moda, níveis de mercado e possibilidades de varejo. Seu trabalho pode ser inovador ou redefinir uma área, técnica ou produto específicos, mas moda é uma disciplina que existe dentro de um contexto mais amplo e constantemente faz referências a si própria – no passado e no presente. Mesmo que você veja a moda como arte, e não como negócio, poderá encontrar uma variedade de profissionais e colaboradores que têm essa opinião. Assim que tiver uma ideia clara do seu tipo de mercado e produto, você poderá identificar a concorrência.

Qualidade, luxo e exclusividade podem ser definidos em qualquer produto. Por isso, assim que souber quem são seus concorrentes, estude profundamente seus produtos. Nada substitui provar roupas e ver em primeira mão como são o toque e o caimento da peça, examinando corte e costura. Observe também detalhes como botões e a qualidade de qualquer marca ou etiqueta. No outro extremo, você deve estar preparado para analisar a moda do mercado de massa, já que as coleções são frequentemente baseadas em tendências e produzidas para seduzir um maior número de consumidores de moda.

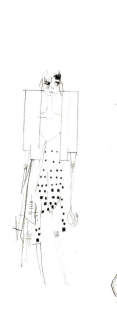

2

Lembre, também, que seus colegas formandos são seus concorrentes. Você pode considerar nichos de atuação como moda em tamanhos grandes, moda praia, moda infantil ou moda festa, por exemplo, que servirão como um ponto de partida específico. Focar nichos ajuda a posicioná-lo para o futuro, pois você se destacará entre as centenas de formandos dedicados à moda feminina que entram no mercado de trabalho a cada ano – assim, aumentam as possibilidades de você garantir um emprego. A maioria dos empregadores procura identificar a pesquisa, o desenvolvimento, a realização e a apresentação ao ver um portfólio. Essas habilidades são facilmente comprovadas em um portfólio montado como uma série de projetos realizados, para mostrar sua diversidade e competência em diferentes linhas, estudos baseados no mercado e trabalho autoral – que é, normalmente, seu projeto final da faculdade.

1   Croquis de Michela Carraro inspirados em lírios negros.

2   Ilustração de Felicity Haf.

A coleção final

Alcançando seu objetivo

Se você precisar de assistência e colaborações para produzir sua coleção, pode montar uma equipe de apoio – como faz a maioria dos estilistas.*
Planejamento de tempo, delegação de funções e gerenciamento do projeto fazem parte do processo como um todo. Um bom ponto de partida é ter um esboço do quadro de coleções (ou linha) onde você pode desconstruir cada peça em atividades e prazos. Use um calendário para planejar as datas-chave em relação aos processos envolvidos – isso o ajudará a organizar e gerenciar seu cronograma. Reserve tempo suficiente para garantir patrocínio para tecidos, aviamentos, sapatos e assim por diante. Lembre também que a maioria dos estudantes estará pensando, escrevendo e desenvolvendo ideias ao mesmo tempo que você.

1   Desenvolvimento de produto por Holly Brown.

2   Desenvolvimento de design têxtil por Emma Glynn.

_____
*N. de R. T.: No Brasil, essa possibilidade deve ser verificada na proposição do projeto pedagógico de cada curso.

Custeio

Você deve ser realista ao planejar e custear sua coleção. Tecidos, acabamentos e aviamentos devem refletir a realidade do mercado ou do cliente-alvo escolhido por você. Novamente, preste muita atenção em como as roupas são cortadas e acabadas. Se você tem como objetivo uma coleção de alta-moda, o preço típico de varejo pode ser até 300% do preço de atacado. Se você tiver feito qualquer contato com indústrias como parte de seu estudo (em estágios, projetos patrocinados ou palestrantes convidados do setor), deve considerar esses contatos como potenciais apoiadores ou patrocinadores. Algumas coleções finais podem custar caro para serem produzidas, mas isso não é um pré-requisito para o sucesso.

Tecidos, fios e aviamentos

Comprar tecidos no varejo deve ser o último recurso. Visite feiras especializadas em tecidos, fios e couros. Essas mostras oferecem uma infinidade de contatos e representantes para fornecimento de tecidos, aviamentos e detalhes especializados. Embora a maioria dos fabricantes, a princípio, não esteja disposta a lidar com estudantes* – devido às pequenas quantidades que são encomendadas – é possível comprar amostras de estoque se houver um acordo quanto ao pedido mínimo. Representantes também podem ter algumas amostras em estoque que precisa ser zerado no final da época de compras. Os catálogos de algumas feiras contêm informações valiosas sobre os fabricantes, contatos, tipos de tecido e outros. Você também deve considerar a possibilidade de visitar tecelagens e fornecedores locais, pois essas fontes muitas vezes oferecem tecidos de alta qualidade a preços reduzidos.

Nível de mercado

Toda moda tem um nível de mercado, independentemente do tipo ou da ocasião. Se você sentir que não tem concorrentes ou que ninguém mais está fazendo um produto semelhante (em termos de custo ou tipo), precisa pesquisar mais a fundo. Embora a estética e a criatividade sejam definidas por cada estilista ou fabricante, uma visita a uma loja de departamento de alta qualidade, na área de estilistas ou concessões, mostrará como as definições de nível de mercado são feitas e mantidas na moda.

---

* N. de R. T.: E também com a ausência de empresa constituída.

A coleção final

Seu portfólio

Seu portfólio deve incluir:

- ilustrações de moda
- desenhos técnicos
- cartela de tecidos, aviamentos e acabamentos
- painéis iniciais de pesquisa
- fotografias das roupas acabadas, seja de uma sessão de fotos ou de um desfile
- look book final da coleção
- clipping de imprensa, currículos e cartões de visita

Seu portfólio garantirá seu primeiro emprego ou a vaga em um curso de pós-graduação. Em seu portfólio, você deve mostrar o processo e o resultado de sua coleção final – por meio de uma edição da pesquisa e desenvolvimento e de imagens e fotografias dos looks prontos. Se você tiver apresentado sua coleção em um desfile ou de alguma outra forma, inclua imagens de boa qualidade do evento para mostrar seu trabalho do modo mais profissional possível.

Um portfólio completo deve conter pelo menos seis projetos abrangendo diversas atividades e diferentes tipos de trabalho de criação. Não se esqueça de incluir exemplos de criação de cartela e combinação de cores, aplicações de software, desenhos técnicos, quadros de coleção, trabalhos vinculados ao setor, uso de têxteis e assim por diante. A maior parte dos portfólios profissionais apresenta um índice e quebras de página para separar cada projeto. Se você deseja produzir um portfólio digital, lembre que quem irá analisá-lo não poderá tocar nos tecidos ou aviamentos enquanto o aprecia (isso vale também para plastificações). Mantenha seu portfólio limpo e fácil de carregar e esteja preparado para atualizá-lo ou reconfigurá-lo, dependendo do tipo de entrevista.

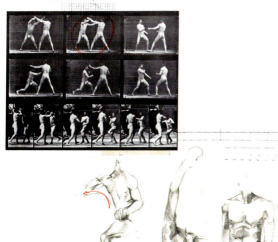

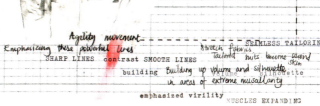

1 Desenho técnico digital de moda masculina, por Peter Perrett.

2 Pesquisa e desenvolvimento de moda masculina por Jessica Rose.

Materiais de pesquisa

É comum incluir indicações de fontes e de todas as atividades de pesquisa, que constituirão a maior parte do seu portfólio. Isso comprova suas habilidades relacionadas à pesquisa, desenvolvimento e apresentação de materiais. Um bom portfólio deve conter um mínimo de cinco ou seis projetos para abranger variedade, diferenças de produto, cores, estampas, silhuetas, ocasião etc. É importante mostrar autonomia e diversidade criativa. Seja rigoroso e mostre uma representação editada e bem pensada de todo o processo. Pouco trabalho parecerá insuficiente e raso. Trabalho em excesso parecerá confuso e poluído.

Observe como imagens e texto são dispostos nas páginas das revistas. Use livros para estudar sobre temas de design relacionados, como design gráfico ou têxtil, arquitetura, design de mobiliário e de produto. Catálogos de marcas de qualidade ou folhetos de fabricantes de cosméticos, eletrônicos e automóveis costumam ser maravilhosamente produzidos com enormes orçamentos financeiros. Estude-os e analise como e por que eles parecem tão eficazes e bonitos. Depois que você conseguir identificar esse processo e a metodologia para criar poderosas imagens bidimensionais, poderá transferir esses conhecimentos para seu próprio trabalho com resultados eficientes e seguros.

Desenho

Desenhar é um processo fundamental na comunicação visual, desde os primeiros esboços rápidos de referência até as ilustrações totalmente finalizadas. A maioria dos cursos de moda espera encontrar desenho em portfólios mostrados em entrevistas.

No entanto, o desenho tornou-se um termo muito mais amplo na indústria da moda, que requer desenho técnico, quadro de coleção e documentos de especificação. O desenvolvimento de vários softwares permitiu aos alunos de moda reproduzir uma variedade de técnicas e processos padrões da indústria ao apresentar ideias de moda e coleções.

A coleção final

Pesquisa e desenvolvimento

1. "O catador recicla as ruínas da modernidade" (*The ragpicker recycles the ruins of modernity*) – pesquisa em moda masculina por Kasha Crampton.

2. Sapato de cadarço duplo criado por Kasha Crampton em colaboração com JJ Hudson, da Noki.

3. Desenhos de desenvolvimento de produto por Emma Glynn.

A pesquisa serve de base para sua coleção e você precisa reunir uma variedade exaustiva de materiais de consulta. Isso inclui pesquisas específicas em tecidos, cores, silhuetas e detalhes, bem como esperiências vividas e imagens (sob a forma de desenhos e fotografias) – uma ampla cobertura de tudo o que irá servir de referência e influência ao seu pensamento e às decisões que você tomar. O desenvolvimento de sua coleção – que envolve edição, refinamento e alteração de propostas iniciais – exige muita pesquisa. A apresentação visual e a composição desse corpo de trabalho devem ilustrar a amplitude e os detalhes do seu pensamento de forma dinâmica e empolgante. Trata-se de uma etapa fundamental, pois você irá rever essa fase do projeto à medida que avança nas fases posteriores. Materiais visuais devem falar por si e ilustrar o seu desenvolvimento e pensamento.

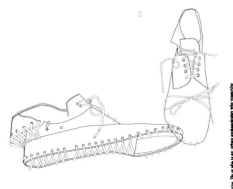

Fontes

Tente evitar usar imagens simplistas tiradas de sites ou muitos recortes de revistas populares, o que passa uma imagem de pobreza de pesquisa. Nada substitui a descoberta e a inovação a partir da pesquisa primária.

Pense na possibilidade de organizar sua pesquisa em várias categorias – inspiração, cor, tecidos, formas e acessórios. Escrever um pequeno texto ou narrativa que explique seu processo ou defina a abordagem geral pode ser útil. Tente criar personagens ou situações da história, da fantasia ou do cotidiano para servir de base para sua pesquisa. Você pode se inspirar em um livro ou filme. Nesse caso, procure saber mais sobre o autor, a teoria ou o contexto, observando outros exemplos relacionados. Tenha sempre com você um caderno pequeno para notas e esboços. Dedique algum tempo para ir a brechós e antiquários, ou mesmo a sites de leilão como o eBay, pois são uma valiosa fonte de roupas originais para dissecar e retrabalhar. Museus ou galerias também oferecem um ótimo contato inicial com materiais inspiradores. Escreva cartas ou e-mails a fim de marcar encontros para discutir o projeto com especialistas ou contatos para os materiais de que você precisa. Se você estiver interessado em usar a cor para tornar sua coleção memorável, pesquise coloristas consolidados na indústria da moda e no setor têxtil e pense no que você poderia aprender com eles. Grandes estilistas são incansáveis em matéria de pesquisa e detalhamento, com coleções inteiramente referenciadas.

Quanto mais você se dedicar nesta fase à preparação e à investigação, mais preparado você estará quando tiver de tomar decisões ou ir atrás de fontes e pesquisas mais específicas.

A coleção final

Criando a partir de sua pesquisa

Esta fase do processo, conhecida como desenvolvimento, é uma ponte entre sua pesquisa e o resultado final. Ela envolve trabalhar com os principais aspectos da sua pesquisa – imagens, desenhos e tecidos, por exemplo – e interpretá-los em suas criações. Ao desenhar todos os detalhes juntos, é possível, por meio do pensamento e da reflexão, montar uma série de colagens visuais que irão conter suas preferências e ideias alocadas para cada peça e look.

É importante manter-se flexível e aberto a alterações, pois as ideias podem não funcionar como o planejado, ou a disponibilidade de tecidos pode mudar. Use desenhos e fotografias como um recurso visual fácil para explorar ideias e permutações.

150 / **151**

2

Realização

Nesta fase, você começa a realização de suas ideias – por meio da modelagem e produção de toiles, da moulage e da construção das primeiras peças-piloto. Você também poderá fazer amostras de malhas e estampas que serão usadas como parte da apresentação final de sua coleção. Nesta etapa você deve adquirir e organizar seus aviamentos, fazer pedidos de tecidos e talvez trabalhar com outros produtores – tricoteiras, gráficas, tecelagens e designers de acessórios e bijuterias.

1   Pesquisa e desenhos técnicos de Alex James.

2   Coleção final de Kasha Crampton.

Seu portfólio > **Pesquisa e desenvolvimento>** Apresentação

A coleção final

3

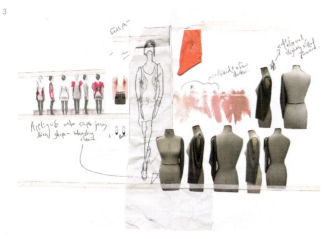

1–5 Processo de criação com toiles e edição de linha por Rebecca Carpenter.

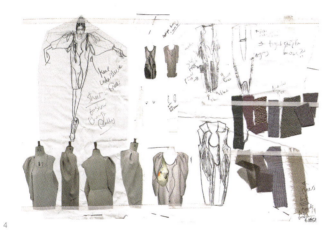

4

5

A coleção final

Gerenciamento de projeto

Considere a possibilidade de elaborar um fluxograma de produção ou uma sequência de atividades programadas para cada peça de sua coleção. Isso ajuda a gerenciar seu tempo e tomar decisões quando houver algum problema. É recomendável ter uma linha inicial ou um plano de coleção para lembrar as tarefas concluídas e as áreas que demandam mais tempo. Você precisa ver o projeto todo se encaixar mediante as limitações de tempo, prazos críticos e sugestões de seus professores. Você deve estar preparado para desafios e aspectos que fogem ao planejado, como tecidos que estão fora de estoque ou toiles que não funcionam. Talvez algum trabalho leve mais tempo do que o esperado, ou pode haver custos imprevistos e promessas não cumpridas. Essas são dificuldades que estilistas e produtores enfrentam o tempo todo e, embora seja difícil, esses desafios podem ser superados preservando sua visão e planejamento. Tente permanecer flexível e otimista ao longo de todo o processo.

Documentação e preservação da pesquisa

Prepare-se para fotografar seus toiles, as provas e o trabalho de moulage. As fotos fornecem um registro claro do seu desenvolvimento e dos ajustes necessários nesse processo. Você também pode planejar uma revisão ou análise crítica com professores ou outros estudantes utilizando suas fotografias como parte do planejamento de linha ou edição de coleção.

Lembre-se de manter registros de tecidos, aviamentos e qualquer aspecto relacionado a cada roupa. Fotografias e desenhos vão ilustrar apenas parte da história e é difícil visualizar alguns toiles no tecido acabado (ou proposto).

Seus desenhos, amostras, peças-piloto e protótipos devem transmitir uma mensagem clara, mas eles podem ser experimentais e sempre podem ser repensados ou discutidos. Seu trabalho bidimensional e o desenvolvimento tridimensional devem dar margem à evolução. Não hesite em desenhar sobre um toile ou fotografia para manter sua imaginação e sua capacidade crítica acentuada.

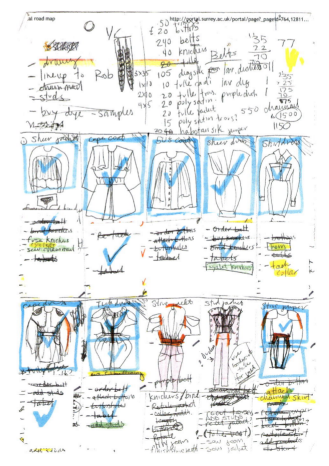

Avaliações

Certifique-se de que você está preparado para apresentar o seu trabalho nas etapas de avaliação. Trata-se de uma oportunidade de discutir o seu trabalho e deve ser um desafio, apesar de construtiva. Embora seja importante e útil apresentar sua pesquisa visual e verbalmente, o ideal é que a história que está sendo contada funcione sem a necessidade de explicação verbal. Qualquer orientação ou crítica, naturalmente, envolve conversa, conselhos e uma troca de pontos de vista, mas se você perceber que está levando tempo demais para explicar sua pesquisa, é possível que não tenha pesquisa visual suficiente, ou que ela esteja confusa. O portfólio e a apresentação final da coleção não são acompanhados por uma narrativa verbal, e seu sucesso ou fracasso dependerá de sua capacidade de comunicação com o público. Lembre que você está contando uma história com imagens e resultados acabados. Imagens, desenhos, tecidos e atividades devem ser cuidadosamente posicionados e acompanhados de especificações – por exemplo, não mostre uma imagem e, em seguida, a coleção final. Dedicar tempo suficiente para a preparação nesta fase é essencial para obter o máximo da apresentação e análise do seu trabalho.

Esteja ciente do que é esperado, de quem fará parte da avaliação e do que você espera obter com ela. Se você tiver dúvidas relativas ao seu trabalho, anote-as. Se esses pontos não forem mencionados durante a avaliação, peça alguns instantes no final. Boas avaliações baseiam-se no diálogo, portanto, peça opiniões e ouça o que seus professores têm a dizer (mesmo que você esteja nervoso ou preocupado por saber que está atrasado em relação ao cronograma).

Ao longo de todo o processo de avaliação, espera-se que haja alguma edição – por exemplo, uma ideia pode ser melhor desenvolvida em outra roupa, ou talvez você precise fazer uma seleção entre looks que estejam se tornando repetitivos. Neste momento, os elementos rejeitados terão de ser substituídos com base no desenvolvimento do resto da coleção. Esse é um processo evolutivo e reflete a prática profissional. É quase impossível planejar e sistematizar todo o processo sem revisar e reformular ideias.

1 Esboço de plano para coleção.

2 Coleção final de Rachel Buck.

A coleção final

1   Edição da coleção final de Poppy Dover.

2   Ordem de entradas na passarela por Susanne Johnson.

Apresentação

Sua apresentação final compreenderá a coleção final, um look book e todas as fontes e materiais de pesquisa e desenvolvimento.
A coleção final em três dimensões deverá atender às especificações exigidas por seu curso, mas normalmente será exibida em uma arara e organizada em looks ou conjuntos completos. Também é possível que você tenha de incluir moldes, toiles, fichas de especificações ou custeios e fichas técnicas como suporte para a coleção e indicação do processo do início ao fim. Diferentes cursos de moda têm requisitos específicos que refletem o conteúdo do currículo ou especialização.

Coleções de estilistas podem conter 15 ou mais looks. Um estudante de graduação geralmente produz uma coleção-protótipo de seis looks como parte de um desfile de faculdade. Estudantes de pós-graduação em moda podem produzir de 12 a 15 looks. Esses números refletem os horários de aula, as habilidades e o nível de experiência dos alunos. Além disso, considerando que a maioria dos desfiles de estilistas dura no máximo de 20 a 25 minutos, um desfile de graduação não deverá durar mais do que 45 a 50 minutos, portanto, seis looks é um número geralmente adequado para cada aluno transmitir o tema e o conteúdo da coleção (e também dá tempo suficiente para que todos os alunos selecionados participem do desfile).

Desfiles de graduação

A maioria dos desfiles de graduação terá uma ordem de entrada de 20 a 30 alunos (as chamadas "entradas" em desfiles de estilistas), embora muitos cursos de moda tenham um número muito maior de formandos.

Quase todas as faculdades de moda fazem um processo de seleção para um desfile restrito à imprensa ou como um evento aberto (como a Graduate Fashion Week em Londres) e cada faculdade tem seus próprios critérios para definir a ordem do desfile final. Muitas vezes um júri é convocado para assistir diversas coleções que tentarão fazer o melhor desfile possível. O que os jurados esperam encontrar são roupas coesas, bem cortadas e bem acabadas que contenham uma narrativa visual suficiente para contar uma história ou comunicar-se com o público.

Não há uma fórmula para garantir um lugar nessa seleção. Se vários alunos produziram, por exemplo, uma linha de peças avulsas femininas em meia-malha preta, é improvável que, se houver escolha, todas as coleções estejam na seleção final. Nenhuma faculdade quer mostrar falta de diversidade criativa e correr o risco de ter uma plateia insatisfeita ou uma cobertura de imprensa negativa. Da mesma forma, é improvável que um desfile completo seja inteiramente composto por roupas extremamente dramáticas e teatrais, pois isso não representa a moda como um todo. Roupas descomplicadas e muito bem feitas são irresistíveis e têm o que é preciso para um grande espetáculo – mesmo que não sejam inteiramente para uso no dia a dia.

Analise veículos de mídia na web para ler críticas de desfiles e sempre que possível olhe sites de faculdades e DVDs para ver exemplos de seleção e apresentação de coleções. Lembre, no entanto, que embora um desfile possa ser ótimo para construir um perfil ou chamar a atenção da imprensa, seu portfólio também é importante para seu futuro.

A coleção final

1

O look book

O look book ou edição visual mostrará cada um dos looks em modelos, ou organizados para transmitir a narrativa de moda pretendida. Um look book é um plano de coleção fotográfico produzido pelos estilistas, fabricantes e varejistas a cada temporada ou para cada tema de inspiração.
Às vezes, os looks são fotografados durante um desfile ou como peças individuais – como acessórios e calçados. Os look books são planejados para ajudar compradores a fazer suas escolhas e para negociar dentro de seu orçamento de compra. Varejistas usam look books para recriar temas de merchandise na parte interna da loja e como auxílio visual para vitrines e displays. A sua versão destina-se a transmitir o seu visual ou tema de moda de forma completa. Fotografias produzidas funcionam bem, mas, independentemente como você ilustrará seu trabalho, ele deve ser claro, informativo e inter-relacionado. Evite o excesso de produção. As imagens devem transmitir o processo de design completo até o resultado final.

1 Edição da coleção final de Bahar Alipour.

2 Coleção final de Sharnita Nandwana.

2

Styling

O styling e o "look completo" devem ser considerados em qualquer linha de moda. Embora seja fácil criar calçados, acessórios e bijuterias no papel, na prática é bem mais simples customizar itens baratos ou achados em brechós. Essas peças adicionais podem ser essenciais para a ideia geral de design – às vezes, podem até mesmo impulsionar uma linha de roupas com uma abordagem inovadora de moda, usando humor, drama, cor ou extravagância. Esse aspecto também comprova sua atenção aos detalhes e sua capacidade para direcionar uma proposta de estilo completa.

Ao planejar e produzir uma sessão de fotos com styling, você deve pesquisar e planejar a aparência geral que está tentando atingir.
Um bom ponto de partida é reunir uma seleção de revistas de alta qualidade dirigidas a diferentes tipos de leitores. *ID, Paper, Vogue Italia* e *Pop* são apenas alguns exemplos das revistas que trazem os melhores fotógrafos, maquiadores e stylists dessa área. Cada imagem é meticulosamente construída, produzida, iluminada e fotografada. As melhores imagens em styling transmitem uma mensagem clara e poderosa. Na moda, isso geralmente enfatiza um aspecto das roupas que estão sendo fotografadas (que pode ser a silhueta, a proporção, a escala, o volume ou a cor, por exemplo), ou um contraste dinâmico onde roupas extremamente caras aparecem em cenários incomuns. Depois de compreender como o estilo dessas imagens é produzido, você estará mais bem preparado para criar o seu.

Glossário

Ateliê
Oficina ou estúdio usado por um artista, designer ou estilista.

Cartela de cores
Grupo de cores que combinam entre si.

Comp shop
Comparação de estoques dos concorrentes em termos de tecido, construção, detalhamento, preço e confecção.

Custeio
Custo estimado de produção de uma roupa.

Desenho técnico
Mostra a roupa de frente e de costas; geralmente faz parte de uma ficha técnica.

Drops
Inserção de coleções ou linhas em lojas de moda para o mercado de massa. *Drops* são geralmente lançados em intervalos ao longo da temporada.

Edição de linha
Coleção editada para a passarela ou para o look book.

Entrada
Look completo, usado por um modelo na passarela.

Estética
Conjunto de princípios dominantes na obra de um determinado designer ou artista. No design de moda, isso significa o modo pelo qual um estilista usa tecido, corte, escala, cor, textura e referências.

Ficha técnica
É fornecida a um fabricante, contendo custeios e especificações detalhadas de croquis, moldes planos, medidas, referências de tecidos e aviamentos e acabamentos ou instruções especiais.

Forecasting
Processo de previsão das próximas tendências da moda.

Fôrma
Forma aproximada de um pé, usada como base para fazer sapatos. A fôrma determina o tamanho, a forma e o modelo do sapato.

High-street fashion
Termo usado no Reino Unido para moda destinada aos mercados de massa.

Look book
Destinado a jornalistas, compradores e clientes, um look book mostra a coleção produzida e fotografada na forma de "looks".

Mostruário
Termo que traduz a variedade de peças de uma coleção ou linha de produtos.

Musa
Pessoa, geralmente uma mulher, fonte de inspiração para um estilista ou artista. Muitas vezes, a musa de um estilista terá uma participação no processo criativo da coleção – por exemplo, Lady Amanda Harlech, que trabalha com Karl Lagerfeld na Chanel.

Off-schedule
Estilistas, geralmente contemporâneos e promissores, que desfilam paralelamente à programação de desfiles durante uma determinada semana de moda.

Painel de inspiração
Compilação de materiais de pesquisa, imagens, cores, tecidos e croquis, agrupados para comunicar visualmente uma ideia ou tema de produto. Também conhecido como painel conceitual.

Peça-piloto
Primeira versão de uma roupa feita no tecido principal.

Prêt-à-porter
Termo francês que significa literalmente "pronto para vestir".

Produção verticalizada
Refere-se à forma como uma empresa varejista produz vestuário; um produtor vertical, como a Zara, controla todos os aspectos do processo de design e confecção.

Recortes ilustrativos
Página recortada ou rasgada de uma publicação, frequentemente utilizada em painéis de inspiração.

Silhueta
A forma contorno de uma peça de roupa ou coleção.

Toile
Protótipo em tecido utilizado para provas de uma roupa, geralmente feito em calico ou tecido barato.

UME (Unidade Mínima de Estoque)
Refere-se ao processo de estocagem (em relação à variação de modelo, cor e tamanho) que permite analisar as vendas na temporada anterior e programar a coleção subsequente.

Desenvolvendo uma coleção

Estilistas entrevistados

Banana Republic
www.bananarepublic.gap.com

Bill Amberg
www.billamberg.com

Brooks Brothers
www.brooksbrothers.com

DKNY
www.dkny.com

Eley Kishimoto
www.eleykishimoto.com

Hardy Amies
www.hardyamies.com

Holly Berry
hollyberryideasdesign.blogspot.com

Jens Laugesen
www.jenslaugesen.com

John Varvatos
www.johnvarvatos.com

Kenneth Mackenzie
www.sixeightsevensix.com

Markus Lupfer
www.markuslupfer.com

Nicholas Kirkwood
www.nicholaskirkwood.com

Ohne Titel
www.ohnetitel.com

Red or Dead
www.redordead.com

Reiss
www.reiss.co.uk

Richard Nicoll
www.richardnicoll.com

Shelley Fox
www.shelleyfox.com

Sibling
www.siblinglondon.com

Sophie Hulme
www.sophiehulme.com

Topman
www.topman.com

Vivienne Westwood
www.viviennewestwood.com

Will Broome
www.willbroome.co.uk

William Tempest
www.williamtempest.com

Desenvolvendo uma coleção

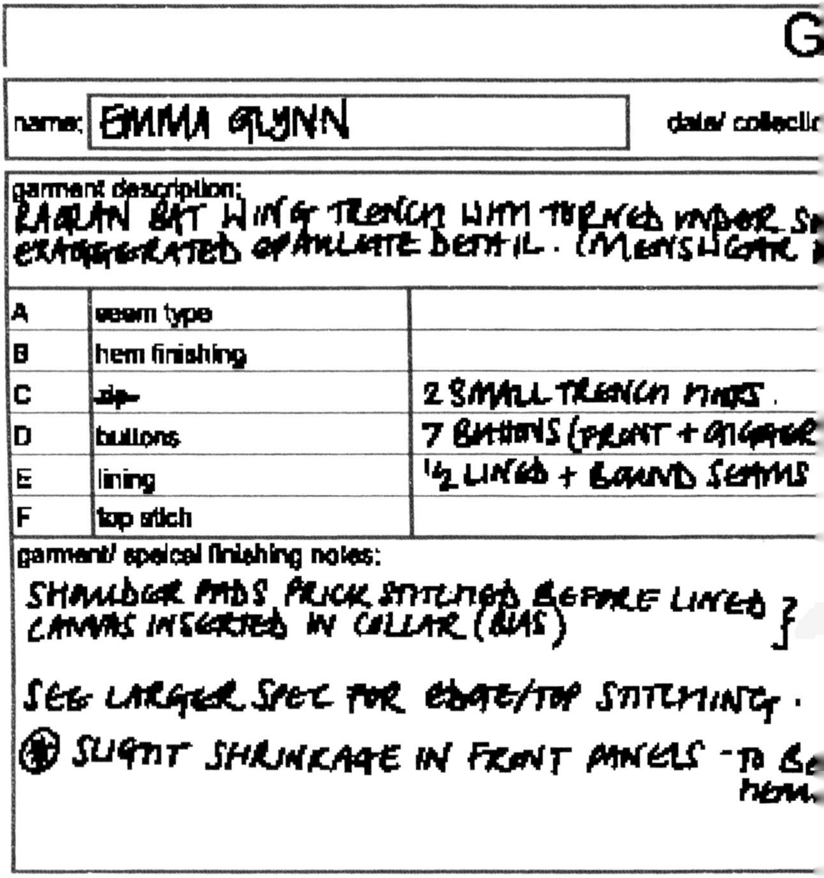

Recursos úteis

name: EMMA GLYNN

date/ collection:

garment description:
RAGLAN BAT WING TRENCH WITH TURNED UNDER S...
EXAGGERATED OF ANKLE DETAIL. (MENSWEAR ...

A	seam type	
B	hem finishing	
C	~~zip~~	2 SMALL TRENCH RINGS .
D	buttons	7 BUTTONS (FRONT + CIGARET...
E	lining	1/2 LINED + BOUND SEAMS
F	top stich	

garment/ speical finishing notes:

SHOULDER PADS PRICK STITCHED BEFORE LINED }
CANVAS INSERTED IN COLLAR (BIAS)

SEE LARGER SPEC FOR EDGE/TOP STITCHING .

⊕ SLIGHT SHRINKAGE IN FRONT PANELS - TO BE
HEM...

LOJAS E FORNECEDORES

Blackout II
(Roupas e acessórios vintage)
51 Endell Street
London WC2H 9AJ
www.blackout2.com

Borovicks
(Tecidos)
16 Berwick St
London W1F 0HP
www.borovickfabricsltd.co.uk

Creative Beadcraft
(Contas e paetês)
20 Beak St
London W1F 9RE
www.creativebeadcraft.co.uk

John Lewis
(Tecidos e aviamentos)
Oxford Street
London W1
www.johnlewis.com

MacCulloch and Wallis
(Tecidos, forros e aviamentos)
25–26 Dering St
London W1S 1AT
www.macculloch-wallis.co.uk

The Bead Shop
(Contas)
21a Tower Street
London WC2H 9NS
www.beadshop.co.uk

The Button Queen
(Botões)
76 Marylebone Lane
London W1U 2PR
www.thebuttonqueen.co.uk

The Cloth House
(Tecidos)
Berwick St, London
www.clothhouse.com

The Observatory
(Roupas e acessórios vintage)
20 Greenwich Church St
London SE10
www.theobservatory.co.uk

What the Butler Wore
(Roupas e acessórios vintage)
131 Lower Marsh
London SE1
www.whatthebutlerwore.co.uk

Desenvolvendo uma coleção

ment spec sheet

garment: TRENCH

working drawing: front & back

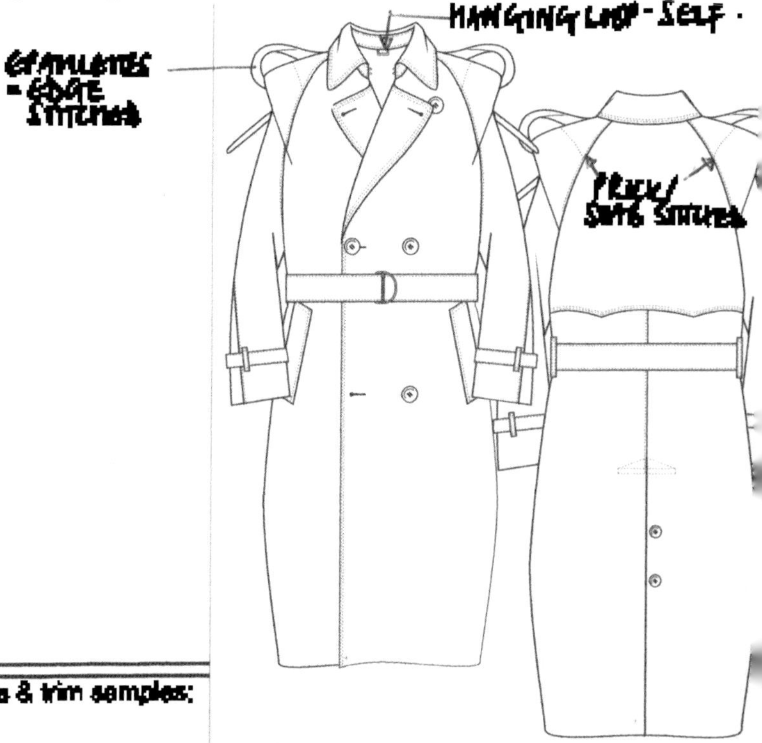

GRANULETTES = EDGE STITCHED

HANGING LOOP - SELF.

PRICK/ SIDE STITCHED

DATE + (LINING)

SMALLER (BACK, VENT)

X TO ADVISE.

GLUED LINEN T.

fabrics & trim samples:

Recursos úteis

Semanas de moda

Brasil
São Paulo Fashion Week
ffw.com.br/spfw

Fashion Rio
ffw.com.br/fashionrio

Reino Unido
British Fashion Council
www.londonfashionweek.co.uk

Estados Unidos
Council of Fashion Designers
of America
www.cfda.com

New York Fashion Week
www.mbfashionweek.com

Europa
Milan
www.cameramoda.it

Paris Fashion Week
www.modeaparis.com

Austrália
Australian Fashion Week
www.rafw.com.au

Feiras comerciais

Febratex
www.febratex.com.br

Fenit
www.fenit.com.br

Fimec
www.fimec.com.br

Linea Pelle
www.lineapelle-fair.it

Pitti Filati
www.pittimmagine.com

Première Vision
www.premiervision.fr

Rendez-Vous Paris
www.rendez-vous-paris.com

Tissu Premier
www.tissu-premier.com

Tendências

www.carlininternational.com

www.fashioninformation.com

www.kjaer-global.com

www.promostyl.com

www.stylesignal.com

www.thefuturelaboratory.com

www.trendstop.com

www.usefashion.com

166 / **167**

Fontes úteis

Agradecimentos e créditos das imagens

Agradecemos a todos que colaboraram na realização deste livro: os vários estilistas, criadores e estudantes da Kingston University e da London College of Fashion, que demonstraram uma enorme generosidade em autorizar a reprodução de seu trabalho. Agradecemos a todos que concordaram em conceder entrevistas: Giles Deacon, Shelley Fox, Richard Nicoll, Markus Lupfer, William Tempest, Colin McNair, Louis Armadola, James New, Kenneth Mackenzie, Sophie Hulme, Will Broome, Ian Garlant, Jens Laugesen, Ohne Titel, Emily Craig, James Spreckley, Simon Kneen, Gordon Richardson, Mark Eley, Sibling, Katie Greenyer, Holly Berry, Bill Amberg e Nicholas Kirkwood. Nosso obrigado também a Katherine Baird, do London College of Fashion Archive, e ao Sifer Design.

Créditos das imagens

Imagem da capa cortesia de Giles Deacon; p 3 cortesia de Poppy Dover; pp 14–15 cortesia de Richard Nicoll; p 17 ilustração cortesia de Stephen Jones; p 20 cortesia de Ringhart; pp 22-23 cortesia do Studio M; p 24 cortesia de Holly Berry; p 26 cortesia de Getty Images; p 33 cortesia de Shelley Fox; p 35 cortesia de Danielle Scutt; pp 38-39 cortesia de Giles Deacon; pp 40–41 cortesia de Shelley Fox; p 42 cortesia de Richard Nicoll; p 45 cortesia de Markus Lupfer; pp 46–47 William Tempest; pp 48–49 cortesia de Colin McNair; p 51 cortesia de Brooks Brothers; p 54 cortesia de Corbis; p 58 (direita) cortesia de Corbis; p 59 cortesia de Sophie Hulme; p 62 (esquerda) © Australian Wool Innovation, proprietária da Woolmark Company, cortesia de London College of Fashion; p 66 © PA Photos; p 68 (direita) cortesia de Corbis; p 69 (esquerda) cortesia de Corbis; p 73 cortesia de Six Eight Seven Six; pp 74–75 cortesia de Sophie Hulme; pp 76–77 cortesia de Will Broome; p 78 © Australian Wool Innovation, proprietária da Woolmark Company, cortesia de London College of Fashion; p 81 cortesia de London College of Fashion Archive; p 85 cortesia de Getty Images; p 87 © Australian Wool Innovation, proprietária da Woolmark Company, cortesia de London College of Fashion; p 89 cortesia de The Convenience store; p 93 (direita) cortesia de Banana Republic; p 99 cortesia de HardyAmies; p 101 cortesia de Jens Laugesen; pp102–103 cortesia de Ohne Titel; p 105 cortesia de DKNY; p 106 cortesia de Reiss; p 108 cortesia de Simon Kneen; p 118 cortesia de Nicholas Kirkwood; p 122 cortesia de Giles Deacon; pp 126–127 cortesia de Eley Kishimoto; pp 128–129 cortesia de Sibling; p 130 cortesia de Katie Greenyer; pp 132–133 cortesia de Holly Berry; pp 134–135 cortesia de Bill Amberg; p 137 cortesia de Nicholas Kirkwood; pp 6, 10, 12, 16, 27, 52, 55, 56, 57, 58, 62 (direita), 63, 64, 65, 67, 68 (esquerda), 69 (direita), 71, 80, 82, 86, 88, 112, 116, 120 e 123 cortesia de Catwalking.com.

FUNDAMENTOS DE
DESIGN DE MODA

Trabalhando com ética

Lynne Elvins
Naomi Goulder

Nota da editora

O tema "ética" não é novo, mas a reflexão sobre ele dentro das artes visuais aplicadas talvez não esteja tão presente quanto deveria. Nosso objetivo é ajudar uma nova geração de estudantes, educadores e profissionais a encontrar uma metodologia para estruturar as suas ideias e reflexões nessa área tão importante.

A editora espera que este anexo, Trabalhando com ética, atue como uma plataforma para a reflexão e como um método flexível para a incorporação de questões éticas no trabalho de educadores, estudantes e profissionais. Nossa abordagem consiste em quatro etapas:

A **introdução** tem por objetivo ser uma visão geral acessível da ética, em termos tanto de desenvolvimento histórico quanto de temas mais discutidos atualmente.

A **estrutura** distribui a reflexão ética em quatro áreas e levanta questões sobre implicações práticas que podem ocorrer. Marcando as suas respostas a essas questões na escala apresentada, você poderá explorar as suas reações mais profundamente por meio de comparação.

O **estudo de caso** expõe um projeto real e levanta algumas questões éticas para uma maior reflexão. Esse é um ponto de foco para o debate, e não para a análise crítica, portanto, não há respostas predeterminadas, certas ou erradas.

As **leituras complementares** trazem uma seleção de livros para você se aprofundar nas áreas de maior interesse.

Ética: consciência/ reflexão/ debate

Trabalhando com ética

Introdução

A ética é um tema complexo que entrelaça a ideia de responsabilidade junto à sociedade e um grande leque de reflexões relevantes sobre o caráter e a felicidade do indivíduo. Ela engloba virtudes como compaixão, lealdade e força, mas também confiança, imaginação, humor e otimismo. Conforme introduzido na filosofia grega antiga, a questão ética fundamental é o que eu deveria fazer? O modo como devemos perseguir uma vida "boa", de bondade, não levanta apenas questões morais sobre os efeitos de nossas ações sobre os outros, mas também questões pessoais sobre a nossa própria integridade.

No mundo contemporâneo, as questões mais importantes e controversas em ética têm sido as de cunho moral. Com o crescimento das populações e os avanços na mobilidade e na comunicação, não surpreende que as reflexões sobre como estruturar nossas vidas, todos juntos no planeta, tenham emergido ao primeiro plano. Para artistas visuais e comunicadores, não deve ser surpresa que essas considerações entrem no processo criativo.

Algumas questões éticas já estão consagradas nas leis e regulamentações governamentais ou em códigos de conduta profissional. Por exemplo, plágio e violação de confidencialidade podem ser ofensas sujeitas a punição. A legislação de várias nações torna ilegal a exclusão de pessoas com deficiência do acesso à informação e aos espaços. O comércio de marfim como material foi banido em muitos países. Nesses casos, uma linha sob o inaceitável foi claramente traçada.

A maioria das questões éticas permanece aberta ao debate, igualmente entre especialistas e leigos, e, no final, precisamos fazer as nossas próprias escolhas com base em nossos próprios princípios ou valores. É mais ético trabalhar para uma empresa comercial ou beneficente? É antiético criar algo que os outros achem feio ou ofensivo?

Questões específicas como essas podem levantar outras questões mais abstratas. Por exemplo, é importante apenas o que afeta os seres humanos (e sobre as coisas com as quais se importam), ou o que afeta o mundo natural também merece atenção?

A promoção dos fins éticos é justificada mesmo quando os meios exigem alguns sacrifícios éticos? Deve haver apenas uma teoria unificadora para a ética (como o utilitarismo, que prega o curso de ação correto como aquele que sempre conduz para a maior felicidade do maior número de indivíduos possível), ou deve haver sempre vários valores éticos diferentes que puxam as pessoas em diversas direções?

À medida que entramos no debate ético e nos comprometemos com esses dilemas em nível pessoal e profissional, podemos mudar nossos pontos de vista ou nossa visão sobre os outros. O verdadeiro teste, entretanto, é se, conforme refletimos sobre esses temas, mudamos nossa maneira de agir e de pensar. Sócrates, o "pai" da filosofia, propôs que as pessoas são naturalmente "boas" quando e se sabem o que é certo. Mas essa afirmação só nos leva a outra questão: *como sabemos o que é certo?*

Trabalhando com ética

Trabalhando com ética

Você
Quais são as suas crenças éticas?

A sua atitude em relação às pessoas e aos problemas ao seu redor é central para tudo o que você faz. Para algumas pessoas, a ética pessoal é uma parte importante das decisões que tomam no dia a dia como consumidores, eleitores ou profissionais. Outros podem pensar pouco sobre a ética e, ainda assim, não ser antiéticos por esse motivo. Crenças pessoais, estilo de vida, política, nacionalidade, religião, sexo, classe, educação, tudo isso pode influenciar o seu ponto de vista ético.

Usando uma escala de 1 a 10, onde você se posicionaria? O que você leva em conta ao tomar decisões? Compare os seus resultados com os de amigos ou colegas.

O seu cliente
Quais são os seus termos?

As relações de trabalho são cruciais para o emprego da ética em um projeto, e a sua conduta no dia a dia demonstra a sua ética profissional. A decisão de maior impacto é, primeiramente, com quem você escolhe trabalhar. Empresas que fabricam cigarros ou comercializam armas são exemplos frequentemente citados quando se discute sobre onde deveria ser traçada uma linha, mas raramente as situações reais são tão extremas. Até que ponto você pode rejeitar um projeto por questões éticas e em que medida a realidade de ter que ganhar dinheiro para sobreviver afeta a sua capacidade de escolha?

Usando a escala de 1 a 10, onde você posicionaria um projeto? Como isso se compara com o seu nível de ética pessoal?

01 02 03 04 05 06 07 08 09 10

01 02 03 04 05 06 07 08 09 10

As suas especificações
Quais são os impactos dos seus materiais?

Recentemente, temos visto que muitos materiais naturais estão cada vez mais escassos; ao mesmo tempo, estamos mais conscientes de que alguns materiais feitos pelo homem podem ter efeitos nocivos a longo prazo sobre as pessoas ou o planeta. O que você sabe sobre os materiais que utiliza?
Você sabe de onde eles vêm, o quanto viajam e sob quais condições são obtidos? Quando a sua criação não for mais necessária, ela será de reciclagem fácil e segura? Ela desaparecerá sem deixar rastros? Essas considerações são de sua responsabilidade, ou estão fora do seu alcance?

Usando a escala de 1 a 10, marque o quanto suas escolhas de materiais são éticas.

A sua criação
Qual é o objetivo do seu trabalho?

Entre você, seus colegas e o briefing, qual é o objetivo da sua criação? Qual será o propósito dela na sociedade? Ela fará uma contribuição positiva? O seu trabalho deve ter outros resultados além do sucesso comercial ou dos prêmios da indústria? A sua criação pode ajudar a salvar vidas, a educar, a proteger ou a inspirar? Forma e função são dois aspectos básicos do julgamento de uma criação, mas há pouco consenso sobre as obrigações dos artistas visuais e dos comunicadores para com a sociedade, ou sobre o papel que podem ter na resolução de problemas sociais e ambientais. Se você quer ser reconhecido como criador, qual é a sua responsabilidade pelo que cria e onde essa responsabilidade deve acabar?

Usando a escala de 1 a 10, marque o quanto o propósito do seu trabalho é ético.

01 02 03 04 05 06 07 08 09 10

01 02 03 04 05 06 07 08 09 10

Trabalhando com ética

Estudo de caso — Capas de plumas

Um dos aspectos do design de moda que levanta um dilema ético é a forma como a produção de roupas mudou em termos de velocidade de entrega dos produtos e da atual cadeia de fornecimento internacional. A chamada *fast fashion* (do inglês, "moda rápida") oferece aos consumidores os últimos modelos semanas depois de terem aparecido nas passarelas, a preços que significam que a roupa será usada uma ou duas vezes e então descartada. Devido aos custos mais baixos de mão de obra nos países pobres, a esmagadora maioria das roupas vestidas no Ocidente são produzidas na Ásia, África, América do Sul ou Leste Europeu em condições de trabalho potencialmente hostis e às vezes desumanas. É comum que a mesma peça de roupa seja composta por componentes de cinco ou mais países, às vezes percorrendo milhares de quilômetros até chegar às grandes lojas. Qual é o grau de responsabilidade do designer de moda nessa situação, se a confecção é controlada pelo varejo e a demanda é impulsionada pelos consumidores? Mesmo que os designers desejassem minimizar o impacto social da moda, qual é a coisa mais útil que poderiam fazer?

As tradicionais capas de plumas havaianas (chamadas de *'Ahu'ula*) eram feitas com milhares de penas de pássaros pequenos e eram uma insígnia real da aristocracia. Inicialmente, eram vermelhas (*'Ahu'ula* significa, literalmente, "roupa vermelha"), mas, por serem especialmente raras, as plumas amarelas passaram a ser mais valorizadas e foram introduzidas na padronagem.

O significado das padronagens, assim como sua idade e local de fabricação original, é desconhecido, apesar do grande interesse em sua procedência nos últimos tempos.

Em 1778, o explorador inglês Capitão James Cook visitou o Havaí, e as capas de plumas estavam entre os itens que ele levou de volta para a Grã-Bretanha.

Acredita-se que as padronagens básicas refletem deuses ou espíritos ancestrais, conexões familiares e a posição social de um indivíduo. A base dessas peças é uma rede de fibras, e sua superfície é composta por penachos amarrados à rede em fileiras sobrepostas. As plumas vermelhas vinham do *'i'iwi* ou do *'apapane*. As plumas amarelas vinham de um pássaro negro com tufos amarelos debaixo de cada asa, chamado *'oo'oo*, ou de um *mamo*, que tinha penas amarelas acima e abaixo da cauda.

Eram usadas milhares de plumas para produzir uma única capa para um chefe indígena (dizem que a capa de plumas do Rei Kamehameha, o Grande, foi feita com penas de cerca de 80 mil pássaros). Apenas os chefes mais altos na hierarquia possuíam os recursos para adquirir as penas para uma capa longa, e a maioria dos chefes vestiam capas mais curtas, até a altura dos cotovelos.

A demanda por essas plumas se tornou tão grande que elas ganharam valor comercial e passaram a ser um emprego em tempo integral para caçadores de plumas profissionais. Esses passarinheiros estudavam os pássaros e os capturavam com redes ou passando visgo nos galhos. Como o *'i'iwi* e o *'apapane* eram cobertos de plumas vermelhas, os pássaros eram mortos e depenados. Outros pássaros eram capturados quando a época de muda começava e as plumas amarelas estavam soltas, de modo que podiam ser removidas sem que fossem machucados.

A família real do Havaí finalmente abandonou a capa de plumas como insígnia de status em favor de uniformes militares e navais decorados com tranças e ouro. O *'oo'oo* e o *mamo* foram extintos devido à destruição das florestas onde se alimentavam e às doenças de pássaros importados. Ouro e prata substituíram as plumas vermelhas e amarelas como moeda de troca, e a produção de capas de plumas tornou-se uma arte esquecida.

É mais ético criar roupas para as massas do que para uns poucos indivíduos de alta classe social?

É antiético matar animais para produzir roupas?

Você desenharia e produziria uma capa de plumas?

A moda é uma forma de feiura tão intolerável que precisamos trocá-la a cada seis meses.

Oscar Wilde

Leitura Complementar

AIGA
Design business and ethics
2007, AIGA

Eaton, Marcia Muelder
Aesthetics and the good life
1989, Associated University Press

Ellison, David
Ethics and aesthetics in European modernist literature:
from the sublime to the uncanny
2001, Cambridge University Press

Fenner, David E W (Ed)
Ethics and the arts:
an anthology
1995, Garland Reference Library of Social Science

Gini, Al and Marcoux, Alexi M
Case studies in business ethics
2005, Prentice Hall

McDonough, William and Braungart, Michael
Cradle to cradle:
remaking the way we make things
2002, North Point Press

Papanek, Victor
Design for the real world:
making to measure
1972, Thames and Hudson

United Nations Global Compact
The ten principles
www.unglobalcompact.org/AboutTheGC/TheTenPrinciples/index.html